U0781866

梦想的旋律

冯健获奖作品集
Feng Jian's Award Winning Musical Collection

冯健　著

中国传媒大学出版社

作者简介

　　冯健，1954 年出生，现担任北京音乐广播节目监制、高级编辑。他自幼酷爱音乐，6 岁开始学习小提琴，具有扎实的音乐功底和良好的音乐修养。他编辑创作的音乐广播节目，深受听众喜爱，也博得同行们的好评。在他的不懈努力下，北京音乐广播已连续九届荣获中国广播音乐节目最高奖。

1983年他开始担任北京人民广播电台音乐编辑，曾编辑过《每周一歌》、《请您录音》、《专题音乐》等节目。《每周一歌》节目向听众介绍了很多优秀歌曲。他编辑的《大海啊故乡》、《我爱你塞北的雪》、《在那桃花盛开的地方》等，通过电波迅速传遍全国，成为家喻户晓的歌曲。他编辑的《金奖提琴音乐会》节目被中国国家博物馆收藏。

北京音乐台成立后，冯健担任晚间节目部主任、古典音乐节目监制。编辑、主持过《通俗音乐会》、《晚间音乐》、《浪漫晨曲》等节目。

1999年他策划、编辑、主持了北京音乐广播首次转播奥地利萨尔斯堡国际音乐节。这次历史性的转播为中国音乐广播赢得了荣誉，受到国内外媒体的广泛关注和好评。

2007年，他作为嘉宾主持，在中央电视台春节特别节目中，为全国的电视观众介绍了中国的管弦乐《春节序曲》、交响组曲《白毛女》、管弦乐《北京喜讯到边寨》以及维也纳新年音乐会、德国柏林新年音乐会等音乐节目，受到观众的喜爱。

丰富的人生阅历，深厚的音乐修养，使他的创作不仅在艺术风格上大气磅礴而且具有深刻的思想性。他善于运用真实感人的细节把语言、音乐、音响巧妙地融合在一起，使内容环环相扣，主题层层递进，有浓厚的广播特色。

他创作的专题音乐节目《世纪之约》、《巡天遥看一千河》、《思想起》、《音乐的宣言》、《梦想的旋律》、《送别》、《永远的电波》、《马兰的琴声》、《爱的呼唤》曾先后荣获中国广播文艺奖一等奖、中国广播影视大奖、中国广播文艺音乐节目一等奖。

多年的音乐广播节目创优实践，使冯健积累了丰富的创作理论、经验和独特的体会。近年来，他在《中国广播电视学刊》、《中国广播》、《北京广播影视》等刊物中先后发表了30多篇论文和创作体会；《国际音乐交流》、《追求》、《北京广播电视报》等刊物也曾多次对他进行过专题介绍。

冯健曾荣获北京市优秀新闻工作者称号，被北京人民广播电台聘为两届首席编辑。

目　　录

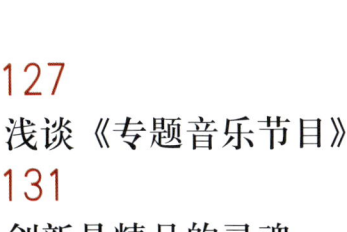

专题音乐节目《世纪之约》介绍

古典音乐是广播电台音乐节目的一个组成部分，但在历年的全国评奖中，几乎无人涉足这一领域，这既表明这类节目要做好十分不易，而人们认识的偏差也不无关系。在这背景下，冯健制作的《世纪之约》就十分难能可贵，显示了他不随流的独有见识。

节目的成功，来自于对典型事物的成功选择。音乐大师斯特恩的两次中国之行，都具有不同寻常的意义，以此作为切入点，说的是斯特恩和李德伦，而其内涵却反映了中国改革开放以来文化领域的巨大变化，这是此节目立意的深刻所在。多方位深挖素材，应用了多种表现手段，赋予了节目色彩的多样性和历史的厚重感。

这部作品记录了世界小提琴大师斯特恩和我国交响乐之父李德伦20年后重逢合作演出的动人场景。他们在1979年的首次合作已经被纪录片《从毛泽东到莫扎特》永远地记录下来，并向世人展示了打开国门的中国形象。

音乐具有一定的描绘功能，充分利用这一功能，可以使音乐与情节相互交融而更加感人。音乐由于它自身的特性，是激发人们联想的重要艺术成分，同时音乐可增加戏

剧性并成为打动听众的契机。《世纪之约》中各个段落不同的音乐，造成了整部作品的变化和起伏。

在《世纪之约》节目中，音乐的成功运用让听众沉浸在一种历史的深沉情感之中，同时也让听众感受到穿越时空而来的沧桑和凝重。这部作品处理得十分精致、细腻，音乐的主题和代表特定形象的音乐素材都能够在恰如其分的位置上托出，完整地陈述，又自然地退下。语言和音乐的起伏、升落，和谐、水乳交融，是一部非常成功的作品。

媒体曾把两位大师的再度合作，称为"世纪的绝唱"，作者用生花的妙笔，使这绝唱演绎得十分感人，催人泪下。此节目表明，古典音乐类节目也可以达到思想性、艺术性、欣赏性完美统一的高度。这部作品获得第八届中国广播文艺奖音乐节目一等奖。

2009年冯健指挥交响乐团在北京各大学巡演

专题音乐节目《世纪之约》

（出帕格尼尼《D 大调小提琴协奏曲》）

那是 20 年前，中国在经历了文化大革命的动荡之后，改革开放的春风使文化园地又重现了生机。

就在这个时候，本世纪最伟大的小提琴家艾萨克·斯特恩来到了中国，他是中国改革开放之后第一位访华的世界级音乐家，当时担任中央乐团首席指挥的李德伦和斯特恩两人双手紧紧地握在了一起。摄影的定格使这个世纪之约的场面载入了历史画册。（音乐扬起）

艾萨克·斯特恩这位集哈佛、牛津、耶鲁等 13 所大学学位和 5 个国家高级勋章的小提琴大师和李德伦有了第一次成功的合作。他带来的摄制组把中国之行拍摄成了新闻纪录片，名字就叫《从毛泽东到莫扎特》，

它真实地反映了改革开放初期中国音乐的状况，使世界看到了中国音乐的发展和希望，使更多的人了解了这个东方文明古国的历史巨变和崭新面貌。这一影片获得了奥斯卡金像奖。

（出贝多芬《C 大调钢琴、小提琴、大提琴三重协奏曲》）

20 年后的今天，一场充满温情和浪漫的音乐会将要举行，这是一场怀旧的、别开生面的音乐会。大提琴家王健、小提琴家徐惟聆、钢琴家潘淳在斯特恩的儿子大卫·斯特恩的指挥下为中外来宾演奏了贝多芬的《C 大调钢琴、小提琴、大提琴三重协奏曲》。（音乐扬起）

这三位年轻的音乐家就是 20 年前在中国拍摄影片的时候在中央音乐学院附小被斯特恩发现的。从此，

他们走上了通往世界音乐圣坛的坦途。（音乐扬起）

在音乐会开始之前，我看到舞台两侧巨大的幕布上，回放着当年音乐纪录片《从毛泽东到莫扎特》中的精彩画面。老艺术家英若诚作为主持人，对影片中的画面诙谐地进行了讲解。（出英若诚当时讲话）

全世界亿万的观众从这个片子当中看到了改革开放的中国的新形象。这个片子也就成为中美关系正常化的一个标志。但是中美两国人民在这20年中增加的了解和建立的友谊不是用数字可以衡量的。今天，我们将要再次欣赏这部纪录片当中的一些片段。当我看到这个纪录片的时候，我的感觉是像第一次看到它的时候一样感动。（出音乐）这是中央音乐学院的学生在为艾萨克·斯特恩演奏。（出李德伦当时的讲话）

对我来说，小提琴是身体的一部分，像另外一个胳膊一样。这很简单，我有个小秘密。（全场大笑）

从影片中我们可以看到，当年的我国著名指挥家李德伦先生身体非常健康，在中央音乐学院的课堂上，

他担任斯特恩大师的中文翻译。 （出小提琴曲《美丽的罗丝玛林》）

影片中的徐惟聆当年还系着红领巾为大师演奏，如今她已是世界著名的青年小提琴演奏家了。（出徐惟聆当时的讲话）

我印象最深的就是20年前，斯特恩大师来中国访问，他来以前我觉得非常非常神秘，听了他的演奏和他的大师班以后感觉更神化了。体会到在艺术上他是无懈可击的。

王健当年只有10岁，现在已经是享誉世界乐坛的大提琴家了。（出王健当时的讲话）

记得第一次他来讲课的时候，一下改变了我们中国当时的一些看法，因为当时我们对音乐的看法就是能照着谱子拉，学唱片上的大师怎么拉，有很多小孩很有才能。很多东西可以说出来，但是不敢，因为没有自信心。我第一次在台上看到他演奏的时候，最大的一个惊奇就是不是小提琴在拉，而是他在说什么话。

2010 年冯健指挥大合唱

冯健在北京展览馆剧场演奏小提琴独奏《梁山伯与祝英台》

小提琴就变得不怎么重要了。

影片里的潘淳现在是中央音乐学院钢琴系副教授，他成长于一个钢琴世家，在莫斯科国立音乐学院历时八年的学习，获得了博士学位。（出潘淳当时的讲话）

当时是个小孩子在上课，突然有人来敲门说现在有个叫斯特恩的先生，我是搞钢琴的当时对提琴不是很了解，但我知道是一位伟大的小提琴家来了。然后说能不能演奏一下？然后我就去了。现场演了一首莫扎特的《妈妈变奏曲》，当时还有摄影师拍摄，他表示出比较大的兴趣，还问了一些问题。之后又参加了一些他的活动。给他献花，最后听说他在拍一部片子。当时知道这部片子得了奖。

对于 20 年前影片中出现的四位少年音乐家在这场特殊音乐会上做表演，英若诚非常激动地进行着介绍：（出英若诚当时讲话）

对于 20 年前影片中出现的四位少年今天都要出现，非常高兴的是，影片里那些幼小的儿童音乐天才，经过斯特恩先生直接间接的呵护、循循善诱，今天已经成长为成熟的音乐家、音乐大师了。我想，由他们来开始这次纪念性的音乐会是最恰当的。现在就请他们出场。

（出掌声）

今天晚上第一部分节目由大卫·斯特恩指挥，各位已经猜到，他和斯特恩大师是什么关系。你们猜对了，艾萨克·斯特恩是他的父亲。各位还记得在纪录片当中，坐在当年钢琴演奏家身后帮助钢琴家翻谱子的那个十几岁少年，那就是他。20 年过去了，他已经从耶鲁大学和纽约的茱莉亚音乐学院毕业，并且在欧洲几个交响乐团担任过指挥。1998 年他被任命为新成立的欧洲音乐学院艺术指导。（出贝多芬《C 大调钢琴、小提琴、大提琴三重协奏曲》）

演出非常成功，人们沉浸在一种历史的深沉情感之中，当他们以优秀的演奏家、指挥家的身份站在舞台上的时候，人们感受到穿越时空而来的沧桑所带来的那种凝重，四位音乐家似乎也沉浸在对消逝时光的追忆之中而深深感动。在大卫·斯特恩的指挥下，他们和中国国家交响乐团同台演奏了贝多芬的《C 大调钢琴、小提琴、大提琴三重协奏曲》，徐惟聆、王健和潘淳似乎不仅仅在演奏作品，而是通过作品追忆 20 年前的少年时光。（音乐扬起，掌声结束）

在音乐会下半场开始之前，屏幕上又出现了 20 年前斯特恩大师和李德伦同台指挥中央乐团排练莫扎特作品的场景。20 年后的今天，历史又将重现。人们期待着的历史时刻终于到来了。（出掌声）

舞台上，我国著名指挥家余隆、谭利华、李心草三个人合力把体重一百多公斤，坐着轮椅，年过八句的李德伦扶上指挥台，这时候舞台下一片雷鸣般的掌声，欢呼声！观众是为李德伦加油、鼓劲，李德伦大师艰难地转过身来，礼貌地向观众致谢。白发苍苍的斯特恩快步走上台来，两位大师的手再一次紧紧地握在一起，

《田纳西风光》2013年冯健拍摄于美国诺斯科维尔

斯特恩又站上了指挥台和李德伦紧紧地拥抱。他要用最简单的语言来表达他此时的情感。观众们的掌声更加热烈了，他们充分理解了大师的意图，也深深地为之动容涕零。

我看到，当时的人们再也按捺不住内心的激动，他们欢呼着从历史上走来的两位老人，欢呼着这穿越20年顽强生命的重逢。（出英若诚当时讲话）

欢迎你们两位大师！

斯特恩还像20年前在影片《从毛泽东到莫扎特》中一样，演出的时候掏出海绵放在演出服中做小提琴垫肩，这个动作非常幽默。（掌声扬起）

在音乐会之前，对李德伦的这最后一次登台演出，

连他的家人都不敢想，因为那时候老人已经卧病在床两个月了，9月份李德伦病发的时候，半夜吐血，急送医院，医生诊断是肾衰竭加严重肺炎。李德伦20年前因为肾癌已切除一个肾，靠仅有的这个肾维持生命，又是如此高龄，他的状况让家人十分担忧。

在医院中的李德伦，插着氧气管，打着点滴，身体衰弱到了极点，真的是不能想象他还能登台演出。亲戚朋友们也都说，这个样子还要去指挥音乐会，简直是玩命。但李德伦就是不松口，坚持要演，李德伦的女儿李鹿试探着问父亲还能不能去指挥音乐会，老人用几乎听不见的声音说：能！

为了这次演出，为了挚爱的音乐，为了另一位音

《咖啡馆小乐队》2011
年到意大利采风时拍摄

乐老人的到来，李德伦是整个儿都豁出去了。（出莫扎特《第三小提琴协奏曲》）

然而，随着指挥棒起，李德伦竟像换了一个人一样，迸发出令人欣喜的精神，给出的手势非常好，乐队在他的指挥下，也表现得异常出色。莫扎特的《第三小提琴协奏曲》如溪水般淌出，一泻千里，不可阻挡。悠扬的协奏曲飘响在世纪剧院，两位不同国籍、不同肤色的音乐大师开始了他们相隔20年的再度合作，正如李德伦大师所说："这是我们的世纪之约，我们将再现20年前的精彩时刻。"使在座的每一位观众无不为之动容。

李德伦和斯特恩两位大师在上台之前，曾经向记者吐露了他们的心声，舞台上美好的音乐和大师的心声融为一体。（出李德伦当时讲话）

对于我感想非常多了，因为他来的时候是我们最好的时候，"四人帮"垮台了，我们已经上演了外国古典音乐了，贝多芬，已经多少年没演了，这股气儿都放出来了。正到一个高潮的时候，斯特恩来了，这部片子拍

得非常好。简直把我们中国说成一朵花儿一样，多美呀。

我觉得那一次演出不仅在艺术上得到很多东西，而且对中国和美国两国人民的了解，是很大的推进，他提出了音乐上很多重要的问题，我们已经忘了，把音乐变成了技术，音乐本身不怎么讲究，只讲技术完成得怎么好。他特别强调艺术，强调了歌唱性、美，我们不是为了表现技术，而是表现一种音乐。

这个，在当时起了非常重要的作用。他走了以后，我们国内的教学受了很大影响，很大的改进。后来出了很多很有名的、很好的年轻人。那部电影里有很多人现在都是很不错的了。（出斯特恩当时讲话）

因为我知道中国人喜欢巧合，我是79年来的，现在我是79岁，这是一种巧合，这20年我是关注中国的音乐家的，就中国的音乐来说，我更关注的是中国的音乐家。

斯特恩是20世纪最伟大的小提琴演奏大师，作为一名优秀的音乐艺术家，他是一位善于表达音乐这一

人类最丰富情感的人，他在自己辉煌的演奏生涯中，甘愿用辛勤的汗水来浇灌音乐艺术的绚丽花朵，他对中国人民的友好情谊和对中国青年音乐家的培育，得到了世人的称赞。（音乐扬起）

演出结束了，两位老人再一次紧紧地拥抱在一起，相互祝贺。我从来没有见过这么多诚挚的鲜花，从来没有听到过这么激情的掌声，也从来没有在音乐会上看到过这么多人任自己的泪水流淌。斯特恩拉住李德伦的手，高高举过头顶，望着这么多热情的观众，斯特恩一次又一次地把献给他的鲜花抛向观众，李德伦仍然坐在轮椅上，他已经抛不动鲜花了，斯特恩接过鲜花替他抛出去，人们不停地呼喊、鼓掌，他们拥向台口，久久地不愿离去……

（出《勃拉姆斯 D 大调小提琴协奏曲》）

回到后台，李德伦不顾劳累坚持要去向斯特恩表示祝贺，斯特恩看到一头汗水的李德伦，心里一酸，

两个人又紧紧地抱在了一起。斯特恩老泪纵横，不断地叮嘱李德伦要保重身体。当时在一边的我，真的忍不住了，泪水顺着采访机流了下来。我看到我身边的许多摄影记者都是在一边流泪一边拍摄，端着摄像机和摄影机的手都在颤抖，那个场面使我终生难以忘怀！（音乐扬起）

从 1979 到 1999，20 年的时光在追求和执着中走过。当年风采绰绰的艺术大师，成了鬓发斑白的老者。当年十几岁的孩子，已经踏着巨人的肩膀成功地走向世界。20 年的变化展现在这最不寻常的音乐会中，也是对大师们艰苦卓越经历的一次动情的回顾。两位大师的世纪之约，被人们称之为撼人心魄的世纪绝唱，而他们的生命将会在他们毕生倾力付出的艺术圣殿中实现永恒！（音乐扬起）

刚才您听到的是专题音乐节目《世纪之约》。编辑：冯健；主持：梁言；制作：朱学兵；监制：绍军。

《水城》2011 年拍摄
于意大利威尼斯

专题音乐节目《梦想的旋律》介绍

《梦想的旋律》以丰富的内容，独特的视角，大气磅礴的音乐以及真实的音响，充分发挥了专题音乐节目的特点。这部作品用梦想做文章，用音乐和事实来说话，从申奥成功之夜全球华人狂欢的场面到奥运会、残奥会令人难忘的历史瞬间，真实地反映了当时的场景和一些鲜为人知的故事。

这部作品从女童领唱的《歌唱祖国》开始，那种童声的、稚嫩的、天籁般的声音，产生了强大的艺术感染力，一开始就紧紧抓住了听众的情感。作者冯健在节目中用小提琴演奏的《歌唱祖国》更为节目增添了感人至深的艺术效果。

作者深入采访，用纪实的手法，采用了10个人的讲话录音，《歌唱祖国》的改编者吴军讲话的哽咽声、莎莱布莱曼激动的回忆……这些采访十分感人，具有典型性和情感的冲击力。

这部作品以4部音乐作品为主体架构：女童领唱的《歌唱祖国》，郎朗演奏的钢琴曲《星光》，谭盾作曲的《颁奖音乐》和北京奥运会主题歌《我和你》。这些作品旋律优美，形式多样，在音乐创作和表演上具有世界一流的水准，富有艺术感染力。例如《我和你》不但有刘欢、莎莱布莱曼演唱的版本，还有大提琴、小提琴演奏的乐曲，以及用交响乐队演奏的版本，这些版本都是由这些作曲家提供的母版来进行制作的。优美的音乐和解说词相结合，如行云流水、水乳交融，产生了强大的艺术感染力，为整部作品的可听性和欣赏性奠定了基础。

"梦想"是这部作品的主题，抓住"梦想"来做文章，也就抓住了这部作品的主线。中国人通过奥运会圆了一百年的奥运梦；作曲家叶小纲圆了二十四年前要为中国举办奥运会创作一首钢琴曲的梦想；钢琴家郎朗想要在北京奥运会上演奏钢琴曲来实现他的梦想……等等。这还不够，最后归结到全人类的梦想："和平、友谊、团结"，用许多活生生的故事归结到这样一个梦想，使梦想得到了升华。

专题音乐节目《梦想的旋律》有三个高潮，一波未平，一波又起，层层推进，环环相扣，充分发挥了广播的特色。音乐、音响各种手段营造了一个又一个高潮，产生了强大的情感冲击力。通过一个个感人的画面，激发出视觉的想象空间。用音乐的旋律描绘了奥林匹克的宗旨和精神，突出了"同一个世界，同一个梦想"的主题，体现了人类追求和平和友谊的美好愿望。这部作品获得2007—2008年度中国广播影视大奖。

2009 年《梦想的旋律》获中国广播影视大奖

专题音乐节目《梦想的旋律》

（先出北京放飞和平鸽的音响，后出奥运会开幕式音乐）

2008 年 8 月 8 日，举世瞩目的第 29 届奥林匹克运动会在北京举行。中国与奥运，一个东方文明古国和世界盛会的握手，圆了中国人期盼了一百年的奥运梦。（音乐扬起，出鸟巢音响）

在北京奥运会开幕式上，《歌唱祖国》的优美旋律响彻在鸟巢的上空。（出《歌唱祖国》）

这是一首让中国人热血沸腾的歌曲，也是中国人家喻户晓传唱了几代人的老歌。然而，人们熟悉的那雄壮、豪迈的进行曲，此时却变成了慢板的抒情曲。（歌声扬起）

著名指挥家谭利华，谈到这首歌的时候，充满了兴奋和激动。（出谭利华采访）

2008 年为获奖节目《梦想的旋律》录制小提琴曲

"作为奥运会开幕式音乐的指挥之一录制过程当中给我印象最深的恐怕就是那首《歌唱祖国》。听的时候，让人非常感动，甚至有一种想落泪的感觉。用那种童声的、稚嫩的，那种天籁般的声音，演唱了一首大家都非常熟悉的进行曲的歌曲，让人出乎意料，而且，产生的感染力应该说是非常强大的。"（歌声扬起，出管弦乐《歌唱祖国》）

一首历史久远的爱国歌曲为什么会做出这样的演绎呢？事后，我们采访了改编这首歌曲的青年作曲家吴军。那是 2008 年 4 月，吴军在电视里看到奥运火炬在法国传递的时候，遭到藏独分子的阻挠。当地华人华侨、中国留学生群情激奋，大家齐声高唱歌曲《歌唱祖国》。当他看到这一幕的时候，深受感染，一种对祖国深沉的爱油然而生。原本进行曲式的旋律，在吴军的心中一下子变得舒缓起来。（音乐扬起）就这样，他赋予了歌曲新的演绎，激发出中国人发自肺腑的对祖国真挚的感情。（出吴军采访）

"当时看了所有的海外华人都唱这首歌的时候，我自己就放着，因为当时我们找了另外一个小孩唱过了，她在唱这首歌的时候，我跟着这首歌唱了十几分钟，我哭了……大半夜四点我一个人在那儿嚎啕大哭，我觉得中国太不容易了。我很爱国，我希望每个人都能够喜欢这首歌曲。我觉得作为一个中国人，当时唯一能感觉到的是自豪。"（扬起管弦乐《歌唱祖国》，鸟巢人们鼓掌声、欢呼声）

是啊，中国太不容易了！当你面对正在进行的奥运会开幕式壮观的场面的时候，不由得会让人想起2001 年 7 月 13 日那个难忘的不眠之夜。那晚，全世界的目光几乎都聚焦在莫斯科，关注着决定 2008 年奥运会主办城市的历史瞬间。中国台北奥委会主席吴经国那时候和其他在场的中国人一样，紧张地等待着。 决定 2008 年奥运会主办城市的时刻终于到了！国际奥委会主席萨马兰奇向全世界宣布：（出萨马兰奇讲话，出人们欢呼声，音乐起，激动人心的旋律）

这时候，吴经国从座位上跳起来，冲向原国际奥委会副主席何振梁，他们情不自禁地紧紧拥抱在一起。（音乐扬起）申奥成功的喜悦使吴经国眼里闪动着激动的泪花，何振梁更是老泪纵横……

这个感人的场面被定格在现场的电视大屏幕上。他们两个人真情的流露，感动了在场的人们。

此时此刻，吴经国已经按捺不住内心的激动和喜悦，说出了他的心声：（出吴经国采访）

"我觉得这是全体中国人的光荣。我内心的感受就是中国人一百年来的奥运会争取到了。我想全球华人明天都会疯狂地来庆祝！这可以说是全球华人的最高荣耀，多难得，真高兴！"

（激动人心的旋律，人们的欢呼声。音乐扬起，出北京狂欢夜音响，汽车鸣喇叭声，人们呼喊："中国万岁！"鼓掌声）

北京申奥成功的消息立即传遍了世界，胜利的喜悦和成功的欢乐点燃了所有中国人的激情。华人世界沸腾了！中国沸腾了！北京沸腾了！在这个全球华人的不眠之夜，北京成了欢乐的海洋，人们欢呼雀跃，涌上街头庆祝。许多人自发地从四面八方汇集到天安门广场，几十万人在广场上尽情起舞，纵情歌唱。（出天安门广场群众合唱）

（出鸟巢的音响，出奥运会钢琴曲《星光》）

情感的飞扬，人性的流露，无不渗透着奥运的神

2008 年冯健和钢琴家郎朗

采和精髓。每一个音符的奏响，都体现了人类的追求和梦想。（音乐扬起）

这首钢琴曲《星光》是作曲家叶小纲为北京奥运会创作的。1984 年洛杉矶奥运会开幕式，80 多台钢琴一起演奏格什温的《蓝色狂想曲》，气势宏大。这极富想象力的旋律让叶小纲心潮澎湃，思绪万千。他当时就想，有朝一日中国办奥运，自己也要写一首钢琴曲在开幕式上演奏，让他万万没有想到的是 24 年前的梦想竟变成了现实。（音乐扬起）

流光溢彩的鸟巢，举世瞩目的舞台，钢琴家郎朗和李木子在黑白琴键上流畅而梦幻般地演奏。《星光》的旋律恢宏大气，曲调优美而通俗，如同一首新的浪漫派的《黄河协奏曲》。

演出以后，郎朗依然非常兴奋，他说："当时的感觉就像是做梦一样，为了这个时刻，我等了 3 年，也准备了 3 年。虽然我参加过许多重大演出，但这次感觉完全不同。这次不仅仅是奥运大家庭的聚会，也是中国人一个伟大梦想的实现。"（音乐扬起，出郎朗采访）

"我觉得这次是梦想成真的一次开幕式，奥运会是全球所有人瞩目的最大的盛会，作为一个中国人、一个钢琴家能在这个奥运会上表演，可以说是人生最大的荣幸了。能通过奥运会传达我本人和我们这个年代这些年轻人对生活的追求和对世界和平的向往，尤其我觉得高兴的是还在家门口，在中国，在北京，可以说是一生难忘的机会吧。"（音乐扬起，出奥运会开幕式音乐）

中华民族是爱好和平的民族，和平和友谊是奥运会的宗旨，是全世界人民的共同祈盼，也是人类社会几千年来永恒的梦想。（音乐扬起）

古希腊创建了奥运会"神圣休战"制度，体现了人类追求和平的美好愿望。在北京奥运会期间，俄罗斯和格鲁吉亚爆发了战争，但是在奥运会射击领奖台上，我们见到了这样动人的一幕。（出奥运会颁奖音乐）

俄罗斯选手帕杰林娜获得了银牌、格鲁吉亚选手萨鲁克瓦泽名列第三。领奖的时候，萨鲁克瓦泽快步走向帕杰林娜，搂住了对方的肩膀。她们一起转身微笑着面对观众并挥动手中的花束，帕杰林娜也亲吻了萨鲁克瓦泽的脸颊。萨鲁克瓦泽说："上个世纪这个世界经历了许多场重大战争，我们需要和平！"说完两个人紧紧地拥抱在一起。（音乐扬起、出人们鼓掌欢呼声）这个感人的场景，感动了现场的观众，也让国际奥委会主席罗格感动不已。（出罗格讲话）

"来自冲突国家竞争对手的热情拥抱之中，闪耀着奥林匹克精神的光辉，希望这种精神生生不息，世代永存。这种超越政治、超越国界的体育精神，令人感动。"

这首由著名作曲家谭盾创作的颁奖音乐"金声玉振"正是体现了这种天地人和的最高精神境界。玉磬和中国最古老的编钟，奏出了和谐和博爱的旋律。（音乐扬起）

开始创作的时候，谭盾苦于找不到"灵感"。有一次谭盾和爱人在上海豫园喝茶的时候，偶然发现古老的城隍庙上有一块匾，这个匾上面写着"金声玉振"。这四个大字反映了中华传统哲学中阴阳平衡、万物和谐的理念。他想：如果用"金声玉振"的音乐呼应"金玉良缘"的奖牌，那不正是奥运的天时、地利、人和吗？（音乐扬起，出奥运会主题歌《我和你》）

"我和你，心连心，同住地球村，为梦想，千里行，相会在北京……"刘欢和莎莱布莱曼在蓝色梦幻的地球上唱起北京奥运会主题歌《我和你》，梦想的旋律在鸟巢上空荡漾，人们感受到了和平的渴望和力量。（音乐扬起，出大提琴和小提琴演奏的《我和你》）

莎莱布莱曼天籁般的嗓音感动了无数人，回想起北京奥运会开幕式，她仍然沉浸在一种美妙的感觉中。（出莎莱布莱曼采访）

"当我站在台上的时候，确实很激动，甚至有点儿哽咽。我在全世界有过无数次大型表演的经历，从知道让我演唱北京奥运会开幕式主题歌到最后一次排练，我都没有感到紧张。但是当开幕式正式举行，我在台下走上那个巨大'地球'的时候，我竟然感到我的眼里有泪水。当'地球'慢慢升起，我看到了'鸟巢'壮观的场面的时候，我感到了震撼！眼泪再也控制不住地就流了下来。"（音乐扬起）

刘欢接到北京奥组委邀请以后，他的第一反应就是

2008年冯健和奥运会主题歌演唱者刘欢

兴奋。他认为这首歌是东西方文化交融的成果，就像歌里所唱的那样，全世界是一家人，它是一种纯真、一种祥和、一种希望、一种梦想。（音乐扬起，出刘欢采访）

"它强调了奥运会另外一方面的理念。作为一个运动会、奥运会，更快、更高、更强是它的口号。但是同时顾拜旦创办的这件事业，它还有另外一层更深远的意义，就是世界大同、人类和平。"（音乐扬起）

《我和你》的作者陈其纲是北京奥运会开幕式的音乐总监，他创作的这首歌在调式上选择了中国的五声音阶，听起来更为亲切、朴实。（出陈其纲采访）

"它和中国的历史、中国的文化和中国的一些基本哲学宣扬的一种精神是有直接的关系的，比如说大音希声，用过多的声音、过高的叫喊、过强的节奏，去表现一件事情的时候，并不一定有说服力，往往是最简约的、最简单的、最平直的，但是汇集了我们自己深深的感受的东西会有一种力量。所以我们实际上是在平和中表现我们中华民族的一种不可比拟的力量。"（出奥运会开幕式音乐）

当奥运的圣火点燃在鸟巢的上空，奥运的激情激

《晚霞》2008年冯健拍摄于菲律宾长滩岛

荡在人们的心中，有许多场景值得铭记一生。北京奥运会为中国赢得了世界的尊敬。国际残奥会主席菲利普·克莱文在残奥会闭幕式上用中文说的话依然回荡在我们的耳边：（出克莱文讲话）

"谢谢香港，谢谢青岛，谢谢北京，谢谢中国！"（音乐扬起，加放礼花声，人们欢呼声。出北京放飞和平鸽的音响）

每个人、每个民族，都有自己的梦想，2008年北京奥运会圆了亿万中华儿女的奥运梦，它将永远铭刻在历史的丰碑上。

为了和平和友谊，不同肤色、不同国度的人们共同奏响了同一个世界、同一个梦想的旋律。（扬起《我和你》主题音乐到结束）

刚才您听到的是专题音乐节目《梦想的旋律》。撰稿、编辑：冯健；总监制：王秋；监制：吕游；播音：梁言；制作：朱学兵。

专题音乐节目《送别》介绍

享誉世界的小提琴教育家林耀基教授为中国的小提琴事业耕耘了一生。他培养的学生先后在国际小提琴比赛中获得了 40 多个奖项，其中有十多项冠军金牌奖，被誉为"冠军教授"和"采矿大师"。

这部作品开掘深入，把林耀基的人格魅力表现得淋漓尽致，真实感人。林耀基生前的一些珍贵音响更使这部作品具有史料价值。音乐和语言、音响处理得水乳交融，相得益彰，突出了广播音乐的特点，给人们带来听觉上的艺术享受。

作品将音乐和故事融为一体，寓情于音乐，寓情于故事，寓情于细节，用音乐带动故事的发展，用故事讲述林耀基心中的大爱。这部作品的魅力在于真实，而真实又是建立在有大量生动的音响素材的基础上，展现出林耀基心中的大爱，就是对祖国的爱、对学生的爱、对音乐教育事业的爱，塑造了大师风范最人性的一面。

专题音乐节目《送别》充满了人间高尚、美好的情感，情节感人，故事具有戏剧性。它之所以能得到听众和评委的好评，是和它充分

调动广播手段，把音乐、语言、音响有机结合在一起分不开的。

《送别》中有很多值得称道的细节：如林耀基为地震灾区的孩子们辅导小提琴的故事、他生前给学生们上课时的情景等，形象生动自然，情节感人至深，大大提升了节目的思想内涵。

这部作品不仅展现了新中国小提琴音乐事业发展的一段历程，而且通过音乐、音响、语言细腻的表现手法，充分展示了林耀基丰富而平凡的情感世界，给人以内在的震撼和感动。它不是用概念，而是充分发挥广播的各种形式，展现了作品的艺术魅力。

这部作品获得第十二届中国广播文艺音乐节目一等奖。

《怀念林耀基教授专场音乐会》2009 年在中央音乐学院拍摄

专题音乐节目《送别》

——献给杰出的小提琴教育家林耀基教授

（出小提琴曲《沉思》）

小提琴曲《沉思》是法国作曲家马斯涅创作的歌剧《泰伊斯》的第二幕间奏曲。这首乐曲轻幽舒缓，意境深远，享誉世界的小提琴教育家林耀基教授生前十分喜爱这首乐曲。（音乐扬起）

2009年3月22日，林耀基遗体告别仪式在北京八宝山举行。在告别大厅里，静卧在鲜花丛中的林耀基面容安详，犹如在睡梦中。他的遗像下摆放着他心爱的小提琴，没有沉痛的哀乐，小提琴曲《沉思》委婉抒情的旋律在空中飘荡。

（音乐扬起，出送别仪式现场音响）

人们对这位德高望重的大师的离去深感惋惜，前来送别的不仅有中央音乐学院的师生，还有来自世界各地的林耀基的弟子，以及众多音乐界著名人士。

著名钢琴家刘诗昆和林耀基20纪60年代一起去莫斯科留学，说起林耀基刘诗昆充满了伤感。（出刘诗昆采访）

"他是个非常杰出的音乐教育家、小提琴教育家。他最大的贡献就是对中国的小提琴教育事业的贡献。他是中国小提琴音乐的一个划时代的开拓者。我写过一篇文章说他爱他的学生就是爱他的国家。因为他培养了这么多学生带动了我们整个国家的小提琴事业。这么多学生在国际上给国家争了光、争了荣誉。那么

他爱学生就是爱他的国家，这是统一的。"（出《维尼亚夫斯基D大调波兰舞曲》）

林耀基生前为新中国的音乐教育事业作出了重大贡献。他培养的学生在国际小提琴比赛中获得了四十多个奖项，其中有十多项冠军金牌奖。他被誉为"冠军教授"和"采矿大师"。

1980年11月，林耀基和后来成为我国第一位在国际小提琴比赛中获奖的他的学生胡坤，到芬兰去参加第四届西贝柳斯国际小提琴比赛。这首《维尼亚夫斯基D大调波兰舞曲》就是当年胡坤的比赛曲目。（音乐扬起）

林耀基为胡坤打下了坚实的基础，这首具有感人艺术魅力的小提琴曲被胡坤演奏得轻松自如，充满了青春活力。绚丽的色彩和复杂的小提琴技巧倾倒了现场的评委和观众。（音乐扬起、出掌声）

胡坤第一天比赛完了以后，观众轰动了。第二天，芬兰的报纸刊登了《轰动了赫尔辛基的中国少年》的报道。经过艰苦的角逐，胡坤进入了决赛，林耀基激动得彻夜难眠。当时芬兰零下20度，到处冰天雪地。林耀基对胡坤说："从现在开始，你的小提琴我来提。"他生怕胡坤摔倒伤了手。看到旁边的建筑有脚手架，他就说："胡坤，你千万不能从下面走，上面要是掉下一块砖会把你砸到的。"在胡坤获奖之前，中国小提琴选手

1. 2011 年在瑞士瓦格纳纪念馆
2. 2009 年冯健和小提琴家胡坤
3. 2009 年采访小演奏家杂志主编凌紫
4. 2009 年采访钢琴家刘诗昆
5. 2010 年专题音乐节目《送别》荣获第
十二届中国广播文艺音乐节目一等奖

在国际小提琴比赛中从来没有获过奖，能有今天的成果真是太不容易了。

胡坤回忆起当年的情景，仍然充满了兴奋。

（出胡坤采访）

"当时想到能够进入第一轮不得了了；能够进入第二轮也不得了了；能进入第三轮更不得了了。当时每一轮都像是中了彩票一样那种感觉。我记得每一次林老师都是眼泪哗哗的，大使馆的人也在那儿。中国大使馆的人非常支持，他们都来听消息，把我们几个人抱在一起，那个场面可以说都无法用语言来表达。"

（音乐扬起）

胡坤在国际小提琴比赛中获奖以后，林耀基非常兴奋，难以承受这种成功的喜悦。他的心脏病犯了，在医院住了一个多月，但是说起他的学生，他心中充满了幸福和快乐。

（出当时采访林耀基录音）

"我有高血压、心脏病、糖尿病。我有一个观点，就是尽量不要活在阴影当中。我把我的幸福尽量跟学生在一起，音乐学院在外面给我好房子我都不会去，因为跟学生在一起我最快乐。胡坤零的突破，以后有很多学生得奖，见证了我们新中国小提琴发展的一个进程。"

（出《帕格尼尼 D 大调小提琴协奏曲》）

林耀基的教学富有鲜明的哲理性，世界著名的小提琴教育大师迪蕾评价林耀基的教学是"艺术的哲学，哲学的艺术"。他的课清新酣畅、深入浅出，总是用最简单的话说出最深刻的道理。

（出当时采访林耀基录音）

"让他把技术踩在脚下，灵魂高高在上，技术低低在下，他就可以吸入很多文化，这样才能成为音乐大师。"（音乐扬起）

林耀基经常对学生们说："音乐和技术不是一回事，音乐包括技术，但是技术不能包括音乐。"他还说："我有三个老师，大自然、生活和同行。"他具有科学性、哲理性和独特性的教学方法，获得了国家优秀教学成果特等奖。为了启发学生，在上小提琴课的时候，他还经常为学生们跳舞。

（出林耀基当时上课录音）

"舞蹈的感觉和唱歌的感觉，跳交谊舞，你要起拍。（林耀基在上课时跳舞）这是美国的（学生们开心地大笑），这种感觉没学过，但是我听着音乐有这样反应。"

林耀基教授的学生，被誉为北京神童的杨天娲 13 岁就已经成功地登台和录制了帕格尼尼的《二十四首随想曲全集》，而帕格尼尼的这部高难度惊世之作一直被称为"小提琴演奏试金石"。这在世界上引起了震惊，这正是林耀基教学方法成功的体现。

每当杨天娲演奏《帕格尼尼 D 大调小提琴协奏曲》的时候，林老师富有节奏感的舞步，就会在她的脑海中出现。（音乐扬起，采访杨天娲）

"有时候真的就是突然一下儿就醒悟了，就是因为看他的脚步。"（音乐扬起，出小提琴曲《沉思》）

2008 年，《小演奏家》杂志社邀请了百名地震灾区学习音乐的孩子来北京参加夏令营。林耀基得知之后带上他的学生袁琛儿一起到了营地，为灾区来的学习小提琴的孩子义务辅导。《小演奏家》杂志社主编凌紫说起当时的情景仿佛历历在目。

（出凌紫采访）

"到现场以后，他对孩子们非常的亲切，来自北川中学的学生叫蒋承欢，她在地震中失去了父亲，也失去了小提琴。到蒋承欢拉的时候，她非常地激动，拉着拉着就拉不下去了，一直在抽泣。屋里当时非常安静，林老师不忍心打断她，默默地拿起了袁琛儿带来的琴，接着蒋承欢拉的作品完整的拉完。这首乐曲就是林老师也非常喜欢的《沉思》。林老师还特别深情的对蒋承欢说：'你们很坚强，我要向你们学习。'在这个时候孩子们都非常的感动，林老师说：'我很长时间都没有拉琴了。今天，我的这首乐曲是专门给你拉的。'"

（出林耀基当时的讲话录音）

"你们是了不起的灾区小孩，给我们上了很好的一堂课，我们向你们学习，音乐就能够起这样的作用。要学会坚强。"

（出小提琴曲《G弦上的咏叹调》）

林耀基全身心地投入到新中国的小提琴教育事业。他每天都在楼道里巡视，看他的学生们练琴。他要求每首乐曲、练习曲不能有一个音不准；不能有一个节奏不稳；不能有一个声音有瑕疵。学生们最喜欢他常说的一句话："每天从零开始。"（音乐扬起）

在生活上他对学生关爱备至，有的学生吃不惯食

堂，他就把学生拉到家里来吃；有的学生一时住宿困难，他就干脆把学生当儿子养，食宿全包。《小演奏家》杂志主编凌紫感同身受。

（出凌紫采访）

"他对学生真的是爱到了极致。每一个学生，大家看得到，刚才这些跪拜的学生，他们跟林老师的感情，真是情深如父子。"

（出送别仪式现场音响，出柴科夫斯基《悲怆交响曲》）

当今在全球最活跃的中国小提琴家几乎都是林耀基的学生。胡坤、薛伟、徐惟聆、谢楠、黄传韵、柴亮、刘宵、陈曦……他们从世界各地赶来送别恩师。他的得意门生、柴科夫斯基国际小提琴比赛获奖者陈曦正在韩国举办音乐会，知道林老师去世的消息心中无比悲痛。

（出陈曦采访）

"他确实是非常爱他的学生，能从每一个生活的细节还有每一次上课，比赛当中还有演出当中都能看出来，从他的眼神中透露出来他对我们的爱，很多细节无法一时表达。他不光是在教学上还有各方面，他在全方位都对我们有严格的要求。我觉得在林老师身上，对我来讲可学的东西实在是太多了。"

著名小提琴家薛伟曾经获得卡尔·弗莱什国际小提琴比赛第一名、柴科夫斯基国际小提琴比赛第二名，谈起他的恩师，无尽感慨。

（出薛伟采访）

《好望角风光》2013年拍摄于南非好望角

"今天在告别仪式上看着林老师很多很多往事都浮现在眼前，很多事情在日常生活中早已淡忘了，但是今天就像是电影回放一样，非常感慨，更加深了我对恩师的思念和他去世的一种悲伤。"

（音乐扬起，出送别仪式现场音响，出《勃拉姆斯D大调小提琴协奏曲》）

中央音乐学院教授左因出现在送别仪式上，她和林耀基一起在原苏联学习了两年，说起林耀基，她感到自豪，对他的去世又备感惋惜。

（出左因采访）

"我觉得我们这一代人以他为自豪，所以我特别地觉得可惜呀。我们俩在管弦系一直在一起。他对教学、对学生那种爱真是令人尊敬。我们俩经常在院子里聊天，只要见面，他就从自行车上跳下来，就讲我的学生怎么样了，我的学生又怎么样了，你知不知道我的学生又得奖了？哪个学生又怎么样了？他所有的学生都是他的宝贝。他爱学生、爱艺术、爱事业，真的胜过生命。"

（音乐扬起）

林耀基为新中国的小提琴事业耕耘了一生。在他的努力下，中国的小提琴演奏艺术在国际上的地位得到了空前的提升。他的人格魅力和他对中国小提琴教育事业的贡献，汇成了一部不朽的乐章，永远启迪着后人。他为艺术献身的精神将会在他毕生倾力付出的音乐圣殿中实现永恒。

刚才您听到的是专题音乐节目《送别——献给杰出的小提琴教育家林耀基教授》。撰稿：冯健；编辑：冯健、张欣、刘慧；播音：梁言；制作：朱学兵。

《沉痛悼念林耀基教授》2009年拍摄于北京八宝山

专题音乐节目《永远的电波》介绍

《永远的电波》是献给人民广播事业创建70周年精心创作的专题音乐节目。这部作品气势宏大，真实感人，展现了人民广播七十年来走过的光辉历程。

作品选用了一些具有历史意义的典型事例，用激动人心的音乐，鲜活的人物音响，极富说服力的事实描绘了中国人民广播七十年来发生的巨大变化。

这部作品开篇展现的是汶川大地震时的场景，突出显示了广播在突发灾难中所发挥的不可替代的重要作用。这一独特的切入点，一下子就抓住了听众，使人身不由己地进入到节目之中。这正是创作者的匠心所在。

历史是用许多事件组成的，有了广播以后，声音也是历史的组成部分之一。这部作品有很多具有珍贵历史价值的音响：丁一岚在开国大典直播时的录音及她大女儿邓小岚的采访真实感人、催人泪下，给人以心灵巨大冲击和强烈的震撼；甲丁的采访和国庆60周年现场直播的场景，令人心潮澎湃，回味无穷。

东方红一号卫星重大事件的描绘展现了广播的魅力，冯健演奏的小提琴独奏《东方红》更增添了强烈的艺术感染力。

节目中选用的音乐都是和历史事件及典型人物密切相关的：汶川地震的《大地安魂曲》；延安新华广播电台现场直播的《黄河大合唱》；开国大典和《红旗颂》；丁一岚追悼会与《延安颂》；第一颗人造卫星和《东方红》乐曲；国庆60周年盛典和《今天是你的生日》等等。

音乐和事件、人物有机组合成历史的一部分，形成独特感人的旋律，激荡着人们的心灵。在这里，音乐的功能发挥得淋漓尽致，作为一条主线融贯节目，展示得有血有肉，激情澎湃。

动人的故事，感人的细节，新颖的创意，使整部作品高潮迭起，引人入胜，既有鲜活的现实感、厚重的历史感，又具有丰富的思想内涵，生动再现了人民广播事业的发展历程和巨大作用。在这二十几分钟的节目里，作品叙述详简得当，剪裁得体，简则几句话就跨过一段历史，详则以相当篇幅通过典型人物的故事带出历史，是一部用广播手段反映广播历程的精品。

这部作品获得第十三届中国广播文艺音乐节目一等奖。

专题音乐节目《永远的电波》

—— 献给人民广播事业创建 70 周年

（出地震音响，再出《大地安魂曲》）

2008 年 5 月 12 日四川汶川发生大地震。地动山摇之后，灾区通讯中断。中央人民广播电台很快播出第一条汶川大地震的消息震撼了全中国每一个人的心。当时，广播成为党中央指挥抗震救灾的重要手段，收音机成为灾区人民了解外界情况的唯一途径。（音乐扬起）

遵照胡锦涛主席和中央军委的指示，救灾部队每人配发一台收音机。中央人民广播电台全天 24 小时不间断直播，记者郎峰蔚乘坐空军直升飞机第一批到达映秀镇进行现场报道。（出郎峰蔚采访）

每当我听到《大地安魂曲》，就让我回想起在映秀镇采访的日日夜夜。当时是地震的第二天，我们到了漩口中学的临时避难点，看到我们进去，很多孩子扑过来就哭了。说："能不能告诉我爸爸、妈妈，我们在这里还活着。"我们当时就让所有的孩子把自己父母的名字写下来，然后我们在广播里通过直播第一时间告诉给他们的父母。后来我们才知道，很多他们的亲人，整日整夜地都守在广播前，希望能从广播里听到他们亲人平安的消息。（音乐扬起）

我记得直升飞机降落在河滩上，刚刚做完报道，突然看见从下游的另一侧转过来一面迎风招展的红旗！我当时激动得眼泪哗地一下儿就下来了。一路路的人民子弟兵，正在向这里开进！我们不断地通过电波告诉人

们："人民子弟兵正在从空中、从水上、从陆地，多路的在往灾区里面赶，在大规模地到这里开始救援！"

电波虽然是无形的，但是在那一刻这条无形的纽带把灾区和党中央、全国人民紧紧地联系在了一起。（音乐扬起）

这首《大地安魂曲》表达了人们对在汶川地震中逝者的沉痛悼念，展现了在灾难面前中国人民万众一心，同舟共济的感人场景。（音乐扬起，出钢琴协奏曲《黄河》）

优美的竹笛声奏出了陕北信天游风格的旋律，把我们带到了人民广播的发源地延安西川的王皮湾，中国共产党创建的第一座人民广播电台在抗日的烽火中诞生。

（放徐瑞璋的录音）"延安新华广播电台，XNCR，……"

"延安新华广播电台，XNCR，……"

徐瑞璋，是当年新华广播呼号第一人，这是她晚年回忆起当时的情景留下的录音。

1940 年 12 月 30 日，从中国革命圣地延安西川的王皮湾两孔土窑洞里发出了响亮的、振奋人心的声音，庄严宣告了中国人民广播的诞生！它像黑夜里的一盏明灯，向苦难深重的中国人民传播真理，给他们信心和希望！（音乐扬起）

《静静的小山村》2011 年冯健到瑞士转播音乐会时拍摄

当年的延安新华广播电台播音室只有一张木桌、一只话筒和一架老式留声机……人民广播就是在这么简陋的条件下创建，发展壮大，历经 70 年的风雨历程，它已经发展成为欣欣向荣的人民广播事业。（音乐扬起）

延安新华广播电台在初创时期尽管十分弱小，但是它却发出了时代最强音。当年延安鲁迅艺术学院的学员、西北文工团和电台的工作人员一起站在山上，面向窑洞，对着麦克风放声高歌冼星海的《黄河大合唱》。第一次向国内现场直播了壮观感人的场景！（出《黄河大合唱》）

在民族危难时刻，《黄河大合唱》唱出了中华民族不屈不挠的民族精神，成为抗日战争时期鼓舞中国人民士气的一部不朽的音乐作品，通过广播，很快传遍全中国。老歌唱家孟于回忆起当年演唱这首歌的情景时仍然十分激动。（出孟于采访）

"我是 1939 年到延安的，后来演唱了冼星海同志指挥的《黄河大合唱》。当我在台上唱《黄河大合唱》以后，泪流满面，激动得不得了，那些蒋管区来的先生们上台就和星海拥抱啊。这部伟大的作品太感人了。作为一个合唱队员站在里头，感觉到《黄河大合唱》音乐的力量是那样伟大，使我和民族的苦难和祖国的命运联系在一起。"（音乐扬起）

人民广播事业的发展，物质条件是必要的，但更珍贵的是人的精神。一代代广播人的执着追求给我们留下了难以忘怀的历史画面。（出丁一岚当时直播的音响）

"中华人民共和国的国旗正由毛主席亲手把它升

2010 年为制作《永远的电波》采访原酒泉卫星发射中心主任刘明山将军

起，参加大会的 20 万人民都一致肃立致敬，注视着人民祖国庄严而美丽的五星红旗徐徐升起。"

（出管弦乐《红旗颂》）这是人民广播最具代表性的一幕——1949 年 10 月 1 日中华人民共和国开国大典的现场直播。当时站在天安门城楼上播音的是北平新华广播电台的播音员丁一岚和齐越。当他们站在话筒前，眼前的天安门广场已经成了人的海洋、红旗的海洋。

丁一岚和广场上的人们一样激动，她一直尽力控制住激荡在心中火一样的热情。（出丁一岚当时直播的音响）

"国旗已经上升到旗杆的顶尖，开始在人民首都的晴空里迎风招展。它象征着中国的历史从此开始了一个崭新的时代，我们的国旗五星红旗将永远地飘扬在人民祖国的大地上。"（《红旗颂》激昂旋律扬起）

这首管弦乐《红旗颂》描绘了开国大典时天安门广场升起第一面五星红旗的宏伟画面，表达了中国人民心中神圣的情感。（音乐扬起）

丁一岚担任过北京人民广播电台台长、中国国际广播电台台长。她从 1945 年投身到人民广播事业中，一干就是 40 年。1992 年丁一岚不幸患肾衰竭，她在留下的最后一封信中写道："我深深地爱着我曾经为之奋斗了一生的祖国，在我的生命结束以后不要声扬，不搞追悼会，不搞遗体告别。"

丁一岚的大女儿邓小岚说起当时的情景充满了悲伤。（出歌曲《延安颂》前奏，出邓小岚讲话录音）

"妈妈说：'临终以前给我播放一曲《延安颂》，

让我的灵魂回到那火热的青春时代。满足我这一要求，这对我是最大的欣慰。'我听人家说，人最后消失的是听觉，我就赶快回家，把《延安颂》的磁带带到医院去给她放。我这样希望，我也相信，她最后能听到这首歌，能够伴着这首歌远去。"（出歌曲《延安颂》）

1998年9月16日，丁一岚安详地永眠了。《延安颂》那优美、激扬的歌声回荡在病房里。这歌声带着她跨越时空回到了她一生热爱的广播事业；回到了那火热的青春时代；回到了那让她魂牵梦绕的圣地——延安。（音乐扬起）

声音记录历史，声音诉说岁月。1970年4月24日，中国成功发射了第一颗人造地球卫星，人们从广播里听到了从太空悠悠传送到人们耳畔的《东方红》乐曲。（出太空传来的《东方红》乐曲声）

宛如天籁般的乐曲一遍遍在空中回响，亿万中国人静静地屏息聆听，细细品味每一个音符。在中国的大街小巷，涌动着欢呼雀跃的人群。（出群众游行时呼喊口号音响）（出小提琴独琴《东方红》）"东方红一号卫星"承载着中国人的航天梦翱翔太空……。

原酒泉卫星发射中心主任刘明山将军亲自参与了当年的卫星发射任务，说起当时的情景现在还是那么的兴奋。（出刘明山采访）

这次卫星任务的发射是东方红一号卫星，如果卫星发射成功了，让全世界人民能够听到从我们卫星上发出的东方红乐曲，那意义就非常深远了。现在回想起来确实是惊心动魄的一幕。（出钢琴和乐队《东方红》）

我们卫星测控站接收下来之后，用录音带录好，然后派了专机送到北京，送到广播电台进行广播的。那时候广播成了人们一个非常重要的生活组成部分，

2010年采访中央人民广播电台播音员于芳

当东方红乐曲播放之后，广大指战员、职工家属听了之后都欢腾起来了。因为这颗卫星是在我们基地发射的，是我们亲历、亲自参与这项任务的，自然感到很自豪。（音乐扬起）

（出管弦乐《春天的故事》）改革开放以来，人民广播和时代同行，构架起现代信息传播的广阔时空。（音乐扬起）

人民广播以独特的传播优势显示出了不可替代的作用，为人们展现了一个绚丽多彩的世界，产生了强大的感召力。

（出国庆大典礼炮音响 ）

这是2009年10月1日首都北京上空的礼炮！

（出国庆大典正步走声）

这是2009年10月1日天安门广场上的足音！

由1300人组成的联合军乐团，2500人组成的合唱团和250人组成的民族打击乐团演奏演唱的歌曲《今天是你的生日》，响彻在天安门广场的上空。（出广场音乐《今天是你的生日》）

这气势磅礴、永载史册的盛世庆典，让亿万中华儿女激动不已。振奋人心的场景，通过广播传到大江

2009 年担任大型直播节目《曾经的电波》音乐编辑

南北，传到全中国，传到世界各个角落。（音乐扬起，出国庆中央人民广播电台转播音响）

中央人民广播电台、中国广播联盟、各位听众：大家节日好！我是中央人民广播电台播音员于芳，我是中央人民广播电台播音员杨波，首都各界庆祝中华人民共和国成立 60 周年大会今天上午 10 点在北京天安门广场隆重举行，现在我们是在天安门城楼为您播音。（转播音响隐去）

（出国庆联欢晚会歌曲前奏《今天是你的生日》）

2009 年 10 月 1 日晚上，在首都各界庆祝中华人民共和国成立 60 周年联欢晚会上著名钢琴家郎朗深情地弹奏着，他和谭晶、廖昌永一起为祖国母亲唱颂歌曲《今天是你的生日》。（出谭晶歌声）

中央人民广播电台、中国广播联盟对联欢晚会进行了现场直播，改革开放使人民广播事业飞速发展，技术手段越来越先进。郭静是第一次主持这样的联欢晚会，面对天安门城楼下欢乐的人们，她的情绪也受到感染。（出郭静采访）

站在这样一个在我们从小心目当中特别神圣的地方，然后看着那么多的人在底下宣泄自己的情绪，当时对我们来说很重要的是怎么把这样一个联欢晚会，它的气氛、画面、场面，人们脸上的表情，通过音乐，通过解说告诉给全世界的人，告诉给我们的听众。（音乐扬起）

甲丁是国庆联欢晚会执行总导演，在采访甲丁的时候，他还讲了和广播有直接关系的一段故事。（出甲丁采访）

这台晚会结束以后，一些服务人员跟我说："这台晚会太成功了！"我说："你们也没看？怎么知道成功了？"他们说："我们都听广播了！"他们想了一个什么办法呢？就是所有的警车都把电台调到咱们的广播电台上。我们以前说看晚会，通过听晚会，也能够听得很兴奋。

我相信十一的那天晚上，我们有很多坚守在一线的人，他们一定会通过广播感受到共和国在那一个时刻的那种兴奋和喜悦。我觉得他们的心呐，他们的心跳一定是跟国家的脉搏，通过广播在一起跳动。（音乐扬起）

是啊！人们通过广播的沟通和祖国紧密相连。当时，天安门广场上响起了人们发自内心的欢呼声。（出高呼"祖国万岁"音响，再出广场焰火音响）

那时候的天安门广场已经是欢乐的海洋，人们为祖国母亲的生日放声歌唱。（放《今天是你的生日》高潮部分）（出管弦乐《激情燃烧的岁月》）

2010 年 12 月 30 日，纪念中国人民广播事业创建

70周年音乐会在人民大会堂举行，管弦乐《激情燃烧的岁月》的旋律通过电波传向祖国大地，见证了人民广播历经七十年发展到今天的光辉历程。

（音乐扬起）

"扬独家优势，汇天下精华。"七十年的沧桑岁月，人民广播以独特的魅力向人们传播了无数感人的瞬间。著名人民广播史专家、中国传媒大学赵玉明教授说到当今中国的广播充满了自豪。（出赵玉明采访）

七十年来，中国的人民广播事业可以说是由小到大，由弱到强，人民广播从诞生起，音乐节目就是很重要的一部分。经过新中国的建设，特别是改革开放以来的发展，中国人民广播的声音响遍全国，响遍全世界。中国已经由一个广播的小国、弱国，变成了一个广播的大国。（音乐扬起）

岁月如流，新中国的人民广播事业发展史是一条无尽的大河。广播无论发展到什么程度，进步到什么程度，我们都不能忘记人民广播的源头——延安西川的王皮湾。

我们更不能忘记把青春和生命都贡献给人民广播事业的先辈们。正是有了他们所走过的艰难历程，新中国的人民广播事业才会书写一页又一页的灿烂和辉煌。

（音乐扬起）

刚才您听到的是专题音乐节目《永远的电波——献给人民广播事业创建70周年》。节目撰稿、编辑：冯健；主持：梁言；制作：罗霄笑。

2009年在延安直播现场

冯健在马兰村为孩子们演奏小提琴

专题音乐节目《马兰的琴声》介绍

专题音乐节目《马兰的琴声》，讲述了邓小岚帮助马兰村孩子们学习音乐的故事。邓小岚战争年代在马兰村成长，对这片土地有着特殊的感情。她八年来用音乐对孩子们进行心灵的感召和人格的重塑，把每年工资的三分之二都用在孩子们身上。这些情节深深地感动了作者。

2010年作者来到偏僻的马兰村采访，掌握了大量的第一手素材，挖掘人物的内心世界，用声音说话。邓小岚的讲话朴素、真实，平凡中闪耀着真善美的人性光芒。整部作品音响丰富，情节感人，展现了邓小岚对老区孩子们那种真诚的爱。

这部作品自然纯朴，立意深刻，将语言、音乐、音响塑造成一幅幅生动的画面，听起来真实、感人。马兰村孩子们音乐基础非常差，连哆来咪都分不清，在

邓小岚指导下这些孩子学会了演奏贝多芬的《欢乐颂》，演唱了很多歌曲。从这个细节说明邓小岚使孩子们取得这些进步实在是不容易，可想而知她倾注了多少心血，呈现了邓小岚高尚的人格魅力和无私奉献的精神。

马兰村孩子们的演奏是业余水准，作者冯健用小提琴演奏了《心愿》的旋律，丰富了音乐的形式和意境，还选用了一首非常感人的管弦乐《情系人民》贯穿主题，烘托了情绪，增强了节目的欣赏性，给人留下了深刻的印象。整个节目结构完整、构思精巧、富有声音的画面感和感染力。

作品中提出要多多关注中国千百万农村儿童的音乐教育，令人深思，发人深省。

这部作品获得第十四届中国广播文艺音乐节目一等奖。

专题音乐节目《马兰的琴声》

（出小溪流水、鸟鸣音响，出小提琴曲《心愿》）

我看过很多音乐神童的表演，被他们演奏演唱的音乐陶醉，沉浸在纯净的音乐中是一种美的享受。（音乐扬起）

然而，当我看到马兰村马兰小学小乐队的表演时，我被孩子们那种对音乐强烈的热爱感动了。（出歌曲《心愿》）

马兰村是河北省阜平县一个有着光荣革命历史的小村庄。这个大山中的小村经常传出小提琴、手风琴、吉他和电子琴演奏的美妙旋律。（出贝多芬《欢乐颂》）

这首贝多芬的《欢乐颂》就是由村里这些孩子们演奏的。（音乐扬起）教他们演奏乐器的老师叫邓小岚，一位普通的共产党员。战争年代，她的父亲邓拓带领晋察冀日报社在马兰村战斗生活了很多年。邓拓在他著名的杂文集《燕山夜话》中使用的笔名"马南邨"，就是"马兰村"的谐音。邓小岚是在马兰村长大的，对这片土地有着特殊的感情。（出管弦乐《情系人民》）

1997年，邓小岚退休以后，一心想了却心中的夙愿，回马兰村看望养育过她的乡亲们。五十多年过去了，当地的老百姓仍能清晰地说出她的乳名，那一声声亲切的呼唤，让邓小岚泪流满面。（出邓小岚采访）

他们对当年一个小娃娃都能够记得这么清楚，他们对报社的感情有多深就可想而知了，这种感情是我永远都会记住的。（音乐扬起）

马兰村四周群山环绕，峡深谷幽，经济落后。邓小岚跟我说，她第一次到马兰小学想和孩子们一起唱首歌，可是孩子们什么歌都不会唱。她心痛了。（出邓小岚采访）

"因为这儿音乐教育基本上是空白，没有人能教他们，所以小孩儿唱歌也很少，唱得音也不准，看到

《马兰村村口》2010年拍摄于河北省阜平县

29

2010年冯健采访邓小岚

那种情况，确实心里酸酸的。"

马兰村的孩子们接受外界信息太少了，没有人教他们唱歌，对乐器了解得更少，孩子们连乐器的名字都叫不出来，更不懂乐谱。

邓小岚萌生了一个想法：要为孩子们做点儿什么！看着破旧的学校，她发动弟弟妹妹们集资四万多元盖了七间校舍，又把家里人用过和朋友们捐来的小提琴、手风琴、电子琴和吉他等乐器带到了马兰村。（音乐扬起）

吹拉弹唱全能的邓小岚在爱人的支持下，节衣缩食，一年三万元的退休金，她把两万元用在了马兰村孩子们的身上。（出邓小岚采访）

"我一个月有一千块钱就行了，我的孩子们他们都有自己的工作，我要省下一千块钱给他们，他们在城里算不了什么，买几件衣服就没有了。可是一千块钱在农村可以解决很多问题，买电子琴一下可以买五个，小提琴也是四五把。我这样做，家里人都很理解。"

每当我听到这首管弦乐《情系人民》就会想起邓小岚说过的这些话，是那么的朴实、真挚，充满了她对老区人民的深情厚谊，展现了她心中的大爱！（音乐扬起）

邓小岚教这些一点儿音乐知识也没有的老区的孩子们学习乐器，确实是一件非常不容易的事情。这些孩子们对音乐的认识从无到有，从不会唱歌到演奏一种乐器，她付出了艰辛的努力。（出邓小岚上音乐课音响，出小提琴曲《送别》）

邓小岚在教孩子们的时候发现，虽然老区孩子们的物质条件不如城里孩子们优越，但他们的音乐天赋并不差，如果没有人去训练他们，真是太可惜了。（出邓小岚采访）

"通过教唱歌我就发现，很多小孩子其实乐感很好，但就是缺乏训练，没有这个机会。刚开始有点儿慢，自己拉得好听点儿了，也成个调儿了，他也就越来越有兴趣了。"（音乐扬起）

就这样，邓小岚手把手地教孩子们识谱、拉琴，一句一句地教孩子们唱歌，她经常就住在马兰村。从北京到马兰，每次进山，她都要坐火车、换乘长途汽车，去一趟就要8个小时。来来往往邓小岚坚持了八年。孩子家长一说起邓小岚，感激之情溢于言表。（出孩子家长采访）

"我的孩子就跟邓老师一直在学习小提琴这些乐器，因为我们在山区，孩子们接触音乐的机会也特别少，而且我们经济能力也达不到，没有机会让孩子们学到音乐知识，通过邓老师来这里帮助他们，指导他们，教他们学这些东西。"

一位学小提琴的小姑娘跟我说起邓老师，她质朴的话语到现在让我难以忘怀。（出学生采访）

"小提琴特别好听，我喜欢学小提琴。邓老师对我特别好！"（出歌曲《送别》）

这首《送别》就是马兰小学小乐队演奏演唱的。（音乐扬起）

在孩子们眼中，邓小岚既是一位要求严格的老师，也是一位慈祥的奶奶。孩子们的演出服看似普通，但是倾注了邓小岚的心血，几十个孩子的衬衣都是她一针一线改出来的。她说："我教他们音乐，也教他们做人，教做人也很重要，山里的孩子很纯真，容易被影响。"2008年，她自己出钱，把这些孩子带到了北京。（出邓小岚采访）

"08年的时候，我就想了一个主意，带他们到北京去，向晋察冀日报的老同志汇报，让老人们看看马兰的孩子，今天马兰的孩子们是什么样子？也让孩子们见见世面。那次回来以后，要求学琴的人越来越多，现在我都有点儿招架不住了。但是看到他们那么喜欢，

而且真能做出一些成绩来，还是很高兴的。"（出歌曲《美丽的家园》）

"胭脂河水欢快的流淌，小岚老师来到马兰，小鸟儿叽叽喳喳歌唱，马兰路上鲜花盛开……"

这首歌曲《美丽的家园》是由电视导演阿里创作的。他被邓小岚的故事感动了，来到马兰村拍摄专题片，一住就是十几天。阿里说起邓小岚充满敬意。（出阿里采访）

"邓小岚不但教那里的孩子乐器、唱歌，还帮助贫困的孩子上学，给他们钱；有的人生病了，邓小岚也资助；而且学校也是她建的。我了解了这么多信息之后，我就想应该把这件事情记录下来，尤其让我感动的是孩子们拉起琴的时候那个神情，我很感动。"

邓小岚为了让更多的孩子得到音乐教育，想了一个办法，先教会马兰小学的老师，再由他们去教学生。（出邓小岚采访）

"后来我也发现教这儿的老师是一个挺好的办法，这儿的老师也很有这个兴趣，我教他们以后，他们弹电子琴教，从育红班开始就教小孩子学谱子，然后唱歌儿，音准就好多了。"

马兰小学苏文红老师说起邓老师教学的情景仿佛历历在目。（出苏文红老师采访）

"邓老师挺好的，关心每一个小朋友，每次到我们学校，她就问：'你会唱什么歌吗？'手把手地教我们，小朋友们一个一个地去弹，一句一句地教，特别耐心。她教我们以后我再去教其他的小朋友，然后她还去身边，

《碾子》2010年冯健拍摄于马兰村

她看我教得对不对，音弹得准不准。真是了不起，快七十岁的老人了，确实是不容易！"

（出歌曲《心愿》、出小提琴曲《心愿》）

"如果有一天你来到美丽的马兰，别忘记唱一首动人的歌谣，孩子们知道，爱在人间。清晨的花朵，永远的童年……"这首由阿里创作的歌曲《心愿》，唱出了马兰孩子们那美好、纯净的心灵。（音乐扬起）

邓小岚非常疼爱这些孩子，她跟我说："教这些孩子学习音乐是很艰辛的，但也是快乐、充实的。教他们学习音乐，可以让他们感受到音乐的快乐，也可以拓宽他们将来升学和就业的路子。"（出邓小岚采访）

"我就希望这些孩子以后音乐一方面给他们生活带来快乐，他们不会有苦闷的时候；另外，我也希望有一些孩子能够在音乐方面深造；更希望有一些读师专、读师范大学学习音乐，回来再教以后的孩子，这样这个事情就延续下去了。"（出管弦乐《情系人民》）

一分耕耘一分收获，在邓小岚精心指导下，马兰村的孩子们在演奏、演唱水平上有了很大的提高，音乐让

《山花》2013年到云南采风时拍摄

他们长了见识。原来他们都怕见生人，现在能落落大方地登台表演，他们也有了自己的音乐梦想。（音乐扬起）

一位学小提琴的学生是这么说的：（出学生采访）

"我是从2006年跟邓老师学琴的，小提琴拉出来的歌儿很好听，我想长大了当音乐老师。"（音乐扬起）

在马兰小学音乐教室的墙上，我看到世界著名音乐家贝多芬、莫扎特的画像，还有这样一句话：音乐是人类最美的语言。（音乐扬起）

邓小岚用人类最美的语言启蒙了老区的孩子们。这位年近古稀的老人，不为名，不为利，她用音乐对孩子们心灵的感召和人格的重塑，让他们的生活充满阳光、充满快乐、充满希望。（音乐扬起，出邓小岚采访）

"中国千百万农村的儿童这一块儿是个大大的空白，要多多关注农村的孩子，他们也应该和城市的孩子同样享受音乐带来的快乐。"

（管弦乐《情系人民》扬起，出小溪流水、鸟鸣音响）

刚才您听到的是专题音乐节目《马兰的琴声》。撰稿、编辑：冯健；播音：梁言；制作：罗霄笑。

专题音乐节目《爱的呼唤》介绍

冯健在海淀剧院演奏小提琴独奏

专题音乐节目《爱的呼唤》，以上海残疾人合唱团参加第十一届国际合唱节音乐会为线索，从多个角度展示了残疾人音乐家们对人类做出的重大贡献。他们用音乐诠释着多彩的人生，用音乐鼓励着人类前行，用真情呼唤着人间的大爱，展示了人的尊严，生命的价值。

在第十一届国际合唱节上，上海残疾人合唱团的演唱感动了全场观众。作者敏锐地抓住了这一感人的场景，在现场采访到合唱团的指挥、演员，引发出对残疾音乐家的联想，创作出这部专题音乐节目。

作品中介绍的残疾人音乐家波切利、帕尔曼、贝多芬的故事，不仅让听众走近和了解了大师们，而且深受感动。这部作品的音乐都是传世佳作，选用了帕尔曼演奏的柴科夫斯基的《D 大调小提琴协奏曲》、萨拉萨蒂的小提琴曲《流浪者之歌》，波切利演唱的《告别时刻》和贝多芬的《第九、第五交响曲》。这些激动人心的音乐和解说词，如行云流水产生了强大的艺术感染力，为整部作品的可听性和欣赏性奠定了基础。

整部作品环环相扣，层层递进，主题鲜明，立意深刻，既能给人以审美愉悦，又能激发听众的共鸣。通过极富画面感的音乐、音响和解说描绘了这些残疾人音乐家不朽的艺术形象。

上海残疾人合唱团指挥、演员和帕尔曼的讲话真实感人，张海迪的讲话富有人生的哲理和感悟。丰富的细节使作品波澜起伏，感人肺腑，立意高深，思想内涵得到升华。

节目中一个个鲜活的人物，带给人们真切的感受；残疾人音乐家的音乐激荡着人们的心灵；音乐的功能发挥的淋漓尽致。残疾人音乐家自强不息的精神作为一条主线融贯节目，展示的有血有肉，令人感动。

这部作品获得第十五届中国广播文艺音乐节目一等奖。2011—2012 年度中国广播影视大奖。

在《爱的呼唤》颁奖会上

33

专题音乐节目《爱的呼唤》

1992 年 10 月 14 日，联合国第 47 届大会通过决议，宣布每年 12 月 3 日为"国际残疾日"。请听专题音乐节目《爱的呼唤》。

（出音乐厅音响）

2012 年 7 月 20 日，我在第十一届国际合唱节上，看到不同寻常的一幕：舞台帷幕徐徐拉开，前两排乘坐轮椅的演员静悄悄地上场，后两排相互搀扶着走上舞台，参加这场音乐会演出的都是残疾人，有的是肢体残疾，有的是双目失明。（出掌声）

全场观众从他们身上感受到一股力量，给予热情的鼓励。（掌声扬起，出合唱《我的梦》）

这是由上海残疾人合唱团演唱的《我的梦》，赵越作词，印青作曲。钢琴声响起，多声部组成的歌声浑然一体。（音乐扬起）

当你闭上眼睛，仔细聆听，你根本感觉不到他们是残疾人。他们用音乐和观众进行着心灵的碰撞和交流。（音乐扬起）

合唱团指挥刘薇，在说起这些残疾人对生活的热爱和对音乐的执着追求的时候，充满了敬意。（出刘薇讲话）

他们有一些重残的，高位截瘫的很不方便出行，都是开残疾人车。他们离排练的地方很远，会提前两三个小时出门，提前一个小时就到排练厅了，自己就开始练习。有几个是全盲，他们自己把五线谱翻成盲谱，

我们唱，他们就摸着，真的很不容易！他们唱歌时真是发自肺腑的，因为他们经过太多的困难，有太多我们体会不到的！我真的很佩服他们！

合唱团为残疾人搭建了一个平台，他们的共同爱好就是音乐，只要歌声响起就会忘记残疾给自己带来的精神上的痛苦。坐在轮椅上的合唱团团员金蕾，说起这首歌非常的感慨。（出金蕾讲话）

每个人在唱这首歌的时候都会有感受，每一回都会有人流眼泪，因为很触动自己，说出了我们的心声；但是它又给人一种振奋，我们不光觉得自己苦，还应该向前看，因为生活是美好的。

（音乐扬起，出掌声）

音乐会结束之后，我的心情久久不能平静。不禁让我想起十九年前让人难忘的一幕。（出人民大会堂音响）

1993 年 10 月 23 日，世界著名小提琴家帕尔曼第一次来中国演出，他被称为是轮椅上的小提琴家。在人民大会堂的舞台上，我看到在指挥的左手边放着一把椅子，帕尔曼拄着铝制的拐杖，面带笑容，艰难地走上了舞台。坐下来之后，他从乐队首席手里接过小提琴，他浑身散发出来的强大气场瞬间就征服了所有观众。

（出掌声，出柴科夫斯基《D 大调小提琴协奏曲》）

对帕尔曼来说，小提琴不仅仅是一件乐器，更是他身体的一部分。他的手指出奇地灵活，运弓饱满极富

2012 年在德国转播音乐会

感染力。柴科夫斯基的《D 大调小提琴协奏曲》被他演绎的轻松自如，富于诗意。他的演奏传达出的音乐语言充满了情感，震撼着人们的心灵，人们无法把他和"残疾"这两个字联系在一起。（音乐扬起）

音乐就是帕尔曼的生命，也是他和世界交流的最好方式。帕尔曼通过音乐表达对生活的热爱。人们喜爱帕尔曼，不仅是因为他的艺术成就，更是因为他那自强不息的精神。（音乐扬起，出掌声）

帕尔曼架起双拐试着从椅子上站起来谢幕，但是他没能站起来，调整了一下儿姿势，他再次用力撑起双拐，又失败了；再试一次，还是不成。

这时候，全场鸦雀无声。台上、台下上万双眼睛，电视机前观众的亿万双眼睛都注视着帕尔曼站起来的过程。

帕尔曼笑了笑，轻轻地摇了摇头，平静谦和，甚至带有一点儿歉意，再试，这回他终于成功了！台下响起了更加热烈的掌声。帕尔曼的乐观、自信，赢得了人们由衷的尊重！（掌声扬起，出小提琴曲《流浪者之歌》）

这是由帕尔曼演奏的萨拉萨蒂的小提琴曲《流浪者之歌》，坚韧顽强的吉普赛风格的旋律似乎在向这个世界述说着他不屈的信念和生命的意义。（音乐扬起）

伊扎克·帕尔曼 1945 年出生在以色列特拉维夫市，

2009年指挥交响乐团

4 岁的时候不幸患小儿麻痹，双腿残废。他 5 岁开始学习小提琴，以惊人的刻苦精神和对音乐的满腔热忱，克服了常人难以想象的困难，取得了让世界瞩目的辉煌的艺术成就。

帕尔曼不但要到世界各地演出，还非常关心公益事业。他用自己的钱在纽约和哈瓦那等地筹建残疾儿童医院，还创办了帕尔曼音乐学校。有一次，一位残疾妇女见到他，感慨地说："见到你没有自暴自弃，我太羡慕了。"帕尔曼却幽默地说："太太，我的'麻痹症'仅仅是在腿上。"（音乐扬起）

帕尔曼曾经获得 15 次格莱美奖，去过很多国家，当问到他的音乐为什么会感动如此多的听众，他这样说：（出帕尔曼讲话）

我需要告诉观众我的感受，我现在为你演奏，如果这种感觉从舞台上成功地传达到观众当中，这就是一场成功的演出。我经常跟我的学生们说："不要演奏音乐，要讲述音乐"。（音乐扬起）

世界上许多著名的残疾人音乐家为人类做出了重大的贡献，他们创造了自己的人生价值，用音乐描绘这美好的世界。

（出歌曲《告别时刻》）

如果说黑暗中也有美丽的世界，那就莫过于音乐了。著名盲人歌唱家安德烈·波切利和莎莱布莱曼演唱的《告别时刻》感动了亿万人。（音乐扬起）

每当我听到波切利的歌声，就会想起他坎坷的人生。安德烈·波切利 1958 年出生于意大利，一出生就患有严重的青光眼，12 岁的时候，由于踢足球的意外导致他双目失明。

当他绝望的时候，父亲的一句话彻底改变了他的一生：这个世界属于每一个人，虽然你看不见眼前的

世界，但是你可以让这个世界看见你。（音乐扬起）

安德烈·波切利没有自暴自弃，而是顽强地面对人生，面对黑暗。他有一副天生的好嗓音，经过刻苦学习，终于获得巨大成功。他得到过帕瓦罗蒂的指导，被人们称为帕瓦罗蒂的盲人徒弟。著名歌星席琳·迪翁曾经感叹：如果上帝也有歌声的话，那声音就是安德烈·波切利！（音乐扬起，出管弦乐《告别时刻》）

作为当代最著名的盲人男高音歌唱家，波切利的成功比常人更困难，需要付出更多的艰辛，他创造了人生的奇迹。（音乐扬起）

波切利有一颗博爱善良的心。多年来，他四处奔走，积极策划和参加慈善义演，为遭遇贫穷、战乱和自然灾害的人们筹款。他像天使一样把美好的心愿用歌声传递给每一位聆听者，安抚着每一个受伤的灵魂……。（音乐扬起）

波切利不止一次地说："我深切渴望和我的歌迷沟通交流，去感动他们，他们触动了我的心灵，让我流泪动容。"（音乐扬起，出贝多芬《第九交响乐》）

我想，欢乐是人间最美、最幸福的享受。有谁能让欢乐成为永恒？有谁能使亿万人尽情陶醉在欢乐之中呢？他就是被称为"听不见声音的巨人"——伟大的音乐家贝多芬。（音乐扬起）

贝多芬在晚年完全耳聋的情况下，克服了常人难以想象的困难，创作了这首不朽的《第九交响乐》。罗曼罗兰说："世界不给他欢乐，他却创造了欢乐来给予世界，他用他的苦难来铸成欢乐。"（音乐扬起）

1824年5月7日，维也纳歌剧院公演贝多芬的《第九交响乐》，合唱《欢乐颂》把音乐推向高潮："欢乐女神、圣洁美丽、灿烂光芒照大地，亿万人民团结起来，四海之内皆成兄弟。"（音乐扬起）

演出获得极大的成功，当贝多芬在女高音歌手搀扶下出场致谢的时候，全场沸腾了。（音乐扬起）

有的人向他扔帽子，有的人兴奋地跺着地板，更多的人激动得泪流满面，欢呼声、鼓掌声潮起潮落。贝多芬看到几乎狂热的情景，激动得全身抽搐！（音乐扬起，出贝多芬《命运交响曲》）

贝多芬的作品像珍珠一样闪闪发光，对人类起着巨大的影响。这部著名的《命运交响曲》，描述了他对命运的抗争。他留给后世的名言"我要扼住命运的咽喉，它决不能使我屈服"成为身残志坚的人挑战不幸命运的人生信念。（音乐扬起）

向命运挑战，在痛苦的磨砺中前行，中国残疾人联合会主席张海迪谈了自己的人生感悟。（出张海迪讲话）

生活就是这样，它把美总是给你打碎，让你留下很多很多的遗憾，我觉得这才是生活。很多很多的坚韧顽强其实都在对美的破坏中产生的，他让人更加珍惜生活。假如他能承担这样的日子，一天又一天在痛苦的磨砺中走下去，我觉得这才是了不起的。

在这个世界上生活着6亿残疾人，每年的12月3日是"国际残疾日"。在这个特别的纪念日里，人们不会忘记那些为人类做出重大贡献的残疾人音乐家们。他们用特殊的方式塑造音乐，用音乐诠释着多彩的人生，用音乐鼓励着人类前行，用他们的真情呼唤着人间的大爱。他们所展现的是人的尊严，生命的价值，这就是音乐的力量、伟大的人类精神！（音乐扬起）

刚才大家听到的是专题音乐节目《爱的呼唤》。撰稿：冯健；编辑：冯健、张欣；播音：梁言；合成：罗霄笑。这次节目播送完了。

《泸沽湖湿地》2013年到云南采风时拍摄

辛勤的汗水、丰硕的果实

冯　健

北京音乐广播在每年一度的"中国广播文艺奖"评奖中成绩喜人，已连续四年荣获"中国广播文艺奖"最高奖。

获得政府奖一等奖不容易，获得政府奖一等奖第一名就更难了。北京音乐广播能连续四年获得"中国广播文艺奖"的最高奖项，是全体编播人员共同努力的结果，可以说凝聚了音乐广播全体编播人员的心血、智慧和才华。

作为北京音乐广播《专题音乐节目》的节目监制，我想就这些年来在《专题音乐节目》方面谈一些浅显的感悟。

一、深入生活挖掘第一手资料

要出一部好的作品，不深入生活挖掘第一手资料那是不可能的。只有到社会和现实生活中去，才能捕捉到那些亲切感人的故事，才能体会到那些活灵活现的人物，才能观察到那些详尽入微的细节，才能寻找到那些生动鲜活的语言。

北京音乐广播每年都要组织采风活动，到基层、到一线去采访，让大家开拓思路、开阔眼界，寻找创作的灵感。

2001年获奖的专题音乐节目《侗乡随想》，就是到贵州偏远山区少数民族居住的地方，采集到的侗族大歌而编辑成的《专题音乐节目》。节目中运用了各种音响和优美的音乐，营造了浓重的意境和氛围，通过一首首优美的侗族民歌，展示了侗族大歌浑然天成的艺术魅力，给人以美感与冲击力。

2003年获奖的专题音乐节目交响音画《巡天遥看一千河》，是通过音乐与文字、音响的完美结合、交相辉映，去描绘并深刻挖掘了中国"神州五号"载人航天飞船发射成功这一重大题材。

节目中时而荡气回肠时而又柔肠百转的音乐画面，展现出一幅幅人类探索太空、感天动地的壮丽画卷，弘扬了人类大无畏的英雄主义精神和对生活、对爱情的美好憧憬。

要想出一部好的作品，就要想方设法拓展新的角度，从更高更深的层次来看待这些事情。要做到

2007年冯健在中央电视台春节特别节目做嘉宾主持

这一点，就要深入生活，拿到第一手资料，挖掘细节，使鲜活的人与事立在听众的脑海中。同时，作品的深度是同主创人员深入生活的深度和钻研的深度成正比的，只有深入生活、深入研究，才能使作品生动、感人至深。

二、题材是根本

题材的选择在《专题音乐节目》中占有十分重要的位置，题材选对了可以说就成功了一半。

筛选题材是一项比较繁琐的工作。我们音乐广播的编辑们也常常会感到想要做的题材很多，但真正能成为精品的题材却很少。其实，选择题材首先要看导向是否正确、思想是否精深，同时看是否有独特的视角、是否有较高的艺术价值。

2000年北京音乐广播获奖节目《世纪之约》，就是对典型事物题材的一次成功选择。音乐大师斯特恩和李德伦的两次世纪之约，都具有不同寻常的意义，以此作为切入点，反映了中国改革开放以来文化领域的巨大变化，这是此节目立意的深刻所在。多方位深挖素材，运用了多种表现手段，赋予了节目丰富的色彩和历史的厚重感。

这部作品一开始就紧扣主题，找准了切入点。有了好的开头，节目才能吸引人，才会让人产生继续收听下去的欲望。这部作品描述了二十年来中国发生的巨变，蕴含着丰富的思想空间。在这次世纪之约后两年内，两位大师相继辞世。节目中对两位大师的采访录音，可以说已成为绝版。这部作品也成为非常有价值的历史资料。

从《专题音乐节目》创作的角度而言，要善于运用细节，以情感人；要选准题材，切忌用一些抽

《西班牙风光》2012年到西班牙采风时拍摄

象的概念，空洞的语言泛泛而谈；要使作品立意新、境界高。这样，作品才会有深度，更富有艺术感染力。

三、感动自己才能感动别人

抓住"情"字做文章，力求以情感人，是作品成功的重要因素。但以情感人，决不能是人为做秀、煽情，而是情感的真实流露，心与心的交流。

首先，自己感动了才能真正地去感动别人。作品《世纪之约》，讲述了我国著名指挥家李德伦在那次演出前，已经卧病在床两个月，在医院中是靠插氧气管、打点滴来维持，身体已非常衰弱。但他还坚持要演出。作品中是这样描写的："我从来没有见过这么多的鲜花，从来没有听过这么响的掌声，也从来没有在音乐会上看到这么多热情的观众，人们不停地呼喊、鼓掌，他们拥向台口，久久不愿离去……"回到后台，李德伦不顾劳累坚持要去向斯特恩表示祝贺。斯特恩看到一头汗水的李德伦，心里一酸，两人又紧紧地拥抱在一起。斯特恩老泪纵横，不断地叮嘱李德伦要保重身体。在现场的我，当时

真的忍不住了，泪水顺着采访机流了下来。我看到我身边的许多摄影记者都是在一边流泪一边拍摄，端着摄像机和摄影机的手都在颤抖，那个场面使我终生难以忘怀！

这些解说词，如果创作人员不在现场，没有亲身感受这些感人的场面，是写不出来的。自己被这些感人的场面深深打动，才可能在制作节目时做出感人的效果。当主持人在播到这段解说词时，几乎是用颤抖的声音，再加上音乐的渲染，达到了感人至深的效果。有一位听众朋友在来信中是这样说的："有一天我开着汽车，正好电台播放《世纪之约》，听着听着，我被这感人的情节所感动，我一边流着眼泪一边开车。回到家后，心中久久不能平静。"

要想把这长达20年时间跨度的时空浓缩在几十分钟的节目中，如果没有深厚的音乐修养、扎实的功底，没有激情，没有感人的情节是不可能成功的。

2003年获奖的节目《巡天遥看一千河》也有很多感人的情节。我们到酒泉卫星发射中心采访了原中

心主任刘明山将军。他是中国第一颗人造卫星《东方红》乐曲的第一接收人。他的妻子潘仁瑾，是为我国航天事业做出突出贡献的科学家，就在飞船进入发射前的最后时刻，患胃癌永远地离开了基地。

在采访这位历经艰难的老将军时，他无法抑制住自己的情绪，老泪纵横，甚至唏嘘有声。我们被这情感的浪花所感动，在制作节目时，将这一感人的情节推向高潮，赋予了这部作品鲜活动人的艺术魅力。

四、精雕细琢出精品

俗话说"精工出细活"，这话确实有道理。一部好的作品没有修改过多少次，没有精雕细琢是不可能成为精品的。北京音乐广播的编辑们经常说一句话："做一期《专题音乐节目》所下的功夫比做十期日常播出节目还费事儿。"《专题音乐节目》要想获得中国广播文艺奖一等奖，用制作十期日常播出节目的功夫是远远不够的。

扬独家之优势、汇天下之精华，是广播的千古绝唱。利用各种艺术手段，增加节目的可听性，是制作《专题音乐节目》时一个非常重要的手段。

在制作《世纪之约》节目中，我们就十分巧妙地运用了纪录片《从毛泽东到莫扎特》中的一些音响。

让听众沉浸在一种对历史的深沉情感之中，同时也让听众感受到穿越时空而来的沧桑所具有的那种凝重，大大增强了作品的历史感和艺术感染力。

这部作品在音乐的选择上下了很大的功夫。在那场音乐会上，斯特恩演奏的是莫扎特的《第三小提琴协奏曲》。一部小提琴协奏一共有3个乐章，光音乐就有几十分钟。选择哪段音乐？怎样烘托语言？这就要看编辑的功力了。

因为编辑本人从小就是学小提琴专业的，这些作品从小就拉过，所以编辑起来可谓得心应手。其中每一段旋律和语言都要非常贴切，就像是专门为这段语言所创作的音乐。同时，技术精湛的录音师的精心制作也相当重要，编辑们美好的愿望都要通过制作体现出来。

多年的经验使我们感悟到，在制作《专题音乐节目》时要重视制作的技巧，增强节目的艺术性，提高欣赏品位。

广播是听觉的艺术，想象空间非常大，创作的领域也非常广阔。这正是广播的优势之一，只要潜心去钻研，就有做不尽的文章。要调动多种艺术手段，把语言、音乐、音响有机地结合在一起，才能做出真正的精品。

2007 年在中国广播影视大奖颁奖会

颁 奖 会 有 感

冯 健

2004 年 12 月 11 日，我参加了第 11 届中国广播文艺奖的颁奖会。北京音乐广播选送的专题音乐节目《巡天遥看一千河》获得了中国广播文艺奖音乐节目一等奖。

中国广播文艺奖是国家级政府奖，是我国评价广播文艺创作水平的最高奖。音乐广播已连续四年获得此项殊荣。参加颁奖获得了荣誉，自然是令人高兴的事；除此之外我觉得最大的收获是专家们对获奖作品和参评作品的讲评以及《专题音乐节目》今后的发展方向的研讨。在这次颁奖会期间，有关专家对一些作品及新的节目形式与新的创作理念所阐述的独到的认识和分析使我受益匪浅。

一、新闻性的音乐专题节目

在专家们讲评期间，提出了一个新的创作理念，新闻性的音乐专题节目，从去年选送的作品看，有百分之四十以上的作品都属于这种类型。

专家们对北京台的《巡天遥看一千河》给与了充分的肯定，认为这部作品把握了新闻性音乐节目的规律，以音乐为本，用音乐做文章，体现了音乐性，展现了音乐的魅力；大气磅礴，令人震撼，淋漓尽致地描绘了太空中发生的情与景；使音乐产生了神奇的效果，音乐组成了有机的组成部分。如果没有这些音乐，不可能产生这种震撼力。

在创作新闻性的音乐专题节目时要注意把握新闻的规律，要有新闻的敏感，注重细节，角度要新，同时还要有强烈的创新意识。

在创作中要注意：新闻性的音乐专题节目既带有新闻性，但又不能太拘泥于新闻的时效性，而是更多地具有音乐的欣赏性；它既带有现场感，但又不能完全局限于现场，而是以音乐为由头借以生发与引申。

《巡天遥看一千河》正是遵循了这一原则。原本是一重大的新闻事件，但用音乐专题这种形式来体现，充分证实了新闻性的音乐专题节目是一种很有特色的音乐广播形式。

在实际节目中，有些专题的类别往往是相互渗透、彼此交融，随着《专题音乐节目》的进一步创新与发展，将来还可能会有一些新形态产生。

二、角度要新，出奇制胜

政府奖的评奖，对于参评作品是十分挑剔的，选送的作品如何在评委们一听到时，就会有一个良好的印象，这非常重要。如果说作品的主题和内容是空前绝后的，仅凭作品内容本身便足以把评委感动，那当然好。可是这种情况毕竟少见，特别是对《专题音乐节目》而言，绝大多数的作品大家都知道。所以要打动听众和评委，作品赖以表现的角度必须要新、必须要特。

节目的开头一定要吸引人，做好头几分钟节目，充分发挥广播的魅力，把音乐、语言、音响发挥到极致，出奇制胜、引起震撼。因此，如何开篇可以说是节目中的重中之重，要让听众和评委有舍不得离开、继续听下去的欲望。

一位政府奖评委跟我说："在听北京台选送的《巡天遥看一千河》节目时，大家为这个作品所产生的艺

术魅力所感染，一位评委听着听着，禁不住泪流满面，到节目最后时，不少评委也是热泪盈眶。"我当时问他："您当时哭了吗？"他说："哭了，哭得痛快，现在一想起来还是很激动！"试想这样的节目评委们怎能把它忘了？这些评委们每年不知要听多少好节目，要想真正感动他们不是件容易的事。

所以，角度一定要有新意。一样的事情，站在一个新的角度、以新的观点去看，就会有不同的理解和感受。事物本身虽没有变，但反映事物的角度变了，其表达事物的深度便可能随之变化。角度要新，就不一定非要全，求全往往搞不出新角度。而抓住有代表性的一点一面，涵盖整个所要表现的事物，往往取得

2003 年为制作专题音乐节目《巡天遥看一千河》到酒泉卫星发射中心采访

43

冯健在酒泉卫星发射中心，画家冯倩（姐姐）绘画作品前和基地领导合影

事半功倍的效果。

有一些参选的作品创意虽好，但没有做好，中规中矩，样式太老，太常态了。听觉的东西如果不吸引人，就容易走神，光创意好不行，要精心布局、精心制作。角度一定要新，才能引人注意；作品一定要有艺术感染力，才能以情动人。要努力把音乐与语言、音响巧妙地连接在一起，做到珠联璧合、水乳交融，才能震撼人心。因此，要不断探索新的创作模式，总结新的创作理念，才能产生更多的有个性化的精品。

没有创新就没有生命。能给评委们留下深刻印象的作品，一是内涵深刻感人、催人泪下，二是表现形式独特、有所创新。

创新符合人们求新求变的审美心理，具体到音乐专题节目，创新则是衡量作者功力与水准的一个重要标准，也是节目创优的一个永恒主题。要发掘新题材，在题材上有意去寻找那些让人感兴趣并从中体现出新的角度的新人、新作和新事。

三、注重节目的完美和艺术性

一般来说，完成一部音乐专题节目要经过三个环节：一是编辑的谋篇采写；二是音乐音响的选择采录使用；三是节目的制作合成。如果三个环节中有一个不达标，就很难成为一个好作品。要实现节目的完美和艺术性，并非易事，要把握好每个环节。

1. 构思要完整。一部好的作品要介绍什么内容？突出什么主题？达到什么目的？这是在做节目之前首先要考虑的。如果考虑不周全，只是介绍一下背景，放一些音乐，这就只做了一些表层性的文章，而没能挖掘更深层次的主题和含义，只看到了艺术源起的由头，而忽视了后来发展的千姿百态。这就不能真正地反映专题音乐的真谛和深厚的内容。

2. 节目要完美。何时出音乐？何时出语言？何时出音响？何时出采访？何时是这部作品的高潮？这一切都是一个有序的过程，需要编辑通盘考虑。有些送评的节目，选题不错，希望得大奖，可节目做得虎头蛇尾，头重脚轻，效果不佳，不尽如人意，第一轮就被淘汰了。

3. 素材要选好。首先音乐旋律要美、要动听，不管是歌曲或乐曲，一定要选择上乘的作品。配器演奏、演唱的要求要严格，不好的作品坚决不能凑合。音乐和语言的结合要相得益彰、天衣无缝，要让音乐来烘托语言，音乐扬起时要有光彩，要体现前后语言的含义。有些选送的节目，音乐前后风格没有什么联系，有的甚至把音乐填得很满，自始至终和语言如影随形，没有波澜起伏，失去了音乐的真正作用。要特别重视所选择的音乐和整部作品的吻合度，做到"量体裁衣"，确定好音乐在整部作品中的作用以及和语言的结合点，进行精心设计、合理布局，该达到高潮时音乐就好像是专门为这部作品创作的一样，一下子就能烘托起来。切忌音乐和语言与你要表现的内容两张皮。要充分认识到音乐专题节目不是文学节目，也不是社教节目；音乐不是从属地位，可有可无，更不能把音乐只作为一种配乐来处理；没有好的音乐，这部《专题音乐节目》就立不起来，也不可能达到完美的效果。

4. 制作要精良。制作合成是广播节目的最后一道工序，编辑们美好的愿望都要通过制作体现出来。音乐专题节目的制作比较复杂，直接影响节目的质量。

对精品节目的要求有三精：思想精深、艺术精湛、制作精良，制作是非常重要的一环。在音乐与语言的混播中，要注意音量对比，既不对语言构成干扰，又要发挥音乐的烘托作用。有些节目在音乐与语言转接时，音乐的音量该强时强不起来，该弱时弱不下去，严重影响效果。其实《专题音乐节目》有时就像电影中的画面一样，要有转换场景的感觉。在选择音乐时一定要选择和文字相吻合的音乐，时间要计算好，该出旋律的出旋律，音乐结束时要有终止感，不能生掐硬断。有的节目在制作时音乐被硬掐掉，痕迹非常明显。这一点反映了编辑的音乐修养和经验。在制作节目时，这些毛病应该尽量避免，《专题音乐节目》不仅要遵循音乐的规律，还要遵循广播的规律，遵循声音的传播规律，讲究音乐、语言、音响的有机结合，让人听起来流畅自如、浑然天成。

广播是听觉的艺术，一定要重视节目制作的技巧，增强节目的艺术性，提高欣赏品位。富有艺术感染力的《专题音乐节目》往往能透过音乐文化本身，从中揭示出更广阔、更深层的文化内涵，给人以思想启迪与文化熏陶，给人以美的享受。

2003年冯健、冯倩（姐姐）、冯仪（弟弟）和八十多岁母亲合影

2007 年到广东采风

2008 年在北京新闻广播直播

精心选材 以乐会友

冯 健

我从小是学习小提琴专业的，大学毕业后来到北京人民广播电台担任音乐编辑，一干就是二十多年。

二十多年来各种类型的音乐节目做过不少，例如：刚来电台时我做过和听众朋友直接沟通的《听众点播的音乐节目》、介绍最新创作歌曲的《每周一歌》节目、为听众提供精品音乐的《请您录音》节目、编辑了十几年的《晚间音乐》、和燕莎友谊商场合办的《燕莎之夜》等。我自己还编辑主持过《通俗音乐会》、《你好 TAXI》，一直到现在编辑的《浪漫晨曲》等。

总之，节目做过不少，声乐、器乐、古典、通俗、商业性的节目都接触过。下面我想把这些年来编辑音乐节目的几点体会介绍给大家。

一、选题和选材

一般情况，音乐节目的主持人和编辑第一步工作就是选题。

一个好的选题非常重要，就像是做一件工作有了中心，有了宗旨，有了方向。也可能有人认为我这个栏目是固定栏目，音乐的形式也比较固定，用不着考虑什么选题。我所说的选题有两个方面：一个是专题性质的，例如音乐广播的《专题音乐节目》，在特定时期、各种纪念日，介绍作曲家或作品；另一种就是专栏的节目，也就是上面我所提到的比较固定的栏目。因为每一期和每一期节目肯定不一样，除非是连续性的，这就要主持人和编辑考虑了，这期节目的目的是什么？我要向听众介绍哪方面的知识和内容？其实这就是一期节目的主线，所有的音响资料和文字都要围绕着这条主线来选择。

其次就是选材。由于每个人的阅历不同、修养不同、欣赏口味不同，他们选择的材料（音乐和文字）也不一样。其实这里面大有学问。无论选择歌曲还是乐

冯健和指挥家黄飞立

2009年在北京民族宫剧院演奏小提琴独奏

冯健8岁登台表演小提琴独奏

曲，作为一名音乐节目的主持人或编辑，一定要有比较好的音乐修养，不管你做什么专题或栏目，你必须意识到你的受众面是非常大的，可能几万人、几十万人，甚至上百万人。所以你的音乐审美情趣要比一般人高才行。例如通俗歌曲，现在的歌星多如牛毛，有的唱的相当不错，有的连最基本的音准、节奏都不对。这就要求你具有分辨能力，它好在哪儿，不好在哪儿，

这是音乐节目的主持人、编辑最起码的素质。

往往我们听作品都比较注重它的旋律，也就是人们常说的好听不好听，这当然非常重要。就一首歌来说，它是由词、曲、演唱、伴奏、录音几大部分组成的，我们听作品一定要立体地去品味。如果他演唱还可以，但乐队伴奏较差，配器单调或录制的不够理想，对一首歌来说就不是一部成功的作品。假如你在节目中大加赞扬，就可能贻笑大方。因此，判断一首歌是精品还是平庸之作，自己要有很清晰的概念。

在节目中可以有赞扬，也可以有评论，但一定要准确、适度。不一定著名的演员、著名的乐队演唱演奏的歌曲或乐曲都好，有时一首乐曲或一首歌曲同时有好几个版本，你采用哪个放在你节目中，这就是你选材的水平了。

我认为不管是谁演奏或演唱，最起码要好听，如果不好听的话，听众把收音机一关，你费了多大精力搞这个节目也没用。因为听众的选择随意性很大，你好听他就听，不好听他就换。

此外，音乐的视野一定要宽，对任何形式的音乐作品尽可能地多了解，不要单打一，搞流行的就专搞流行，搞古典的就只听古典。任何形式的音乐作品都

有它非常精华的东西，要博采众长。你的音乐视野宽，选择的余地就大，不然的话就那么一条小胡同，挑来挑去，跳不出那个圈儿。

作为音乐节目的主持人、编辑，还有一个音乐和文学综合修养的问题，音乐修养很高，了解的曲目多，选择的余地自然就会大；但是光音乐修养高，文学修养差，那就会对作品理解得不深、不透彻，节目自然不会做得很完美。所以，音乐节目的编辑和主持人这两方面修养缺一不可。

二、主持人和听众的关系

我认为主持人和听众应该是一种朋友之间的关系，没有谁比谁高、谁比谁强的问题。因为北京是个国际性大都市，音乐院校、文艺团体很多，再加上音乐发烧友、音乐爱好者，可以说人才济济，就音乐知识而言，比我们强的人不知有多少。那种我说你听、我打你通的作法，不适合做音乐节目。我们只不过是在这个位置上而已，应该尽量为听众服好务，做听众的知心朋友。

"知心"也是一门大学问。那么多听众，每个人心态不一、处境各异、欣赏口味也不尽相同，要想满足所有人的想法和口味是不可能也不现实的。但一定要符合大多数人的要求。要会琢磨听众的心理。其实做节目也是一种心理战：他不往这儿想，我就引导他往这儿想；他入不了这个境界，我就营造气氛，让他自然而然地进入并欣赏节目。

一般人对歌曲比较容易理解，因为它有歌词，但对乐曲就不那么容易了。例如，我在主持《通俗音乐会》时，对一些乐曲的解释，如果按照一般的做法，介绍一下作曲家的出生年月、乐曲的创作背景、音乐的主题，也未尝不可。但这种做法比较过时和生硬，听众会感到平淡。如果你生活化一点儿、口语化一点儿，你说的话就好像是一位老朋友在跟他聊天，听众就有了亲切感，比较容易接受。他认为你不是在卖弄，不是在讨好，不是在教育他，这样，主持人和听众的关系就可能是一种朋友之间的关系。

三、语言和音乐的比例

这个问题可以说争论了很长时间了。有些听众认为既然是音乐广播，音乐的比例就应该大，语言越少越好。有的听众则认为，如果要是不说话或少说话，自己上商店里买几盘 CD 听

《爵士乐队》2012 年拍摄于爵士乐的发源地美国新奥尔良

48

听就行了，干嘛要听你音乐广播呢？我个人认为，语言和音乐的比例不能一概而论，因为每个节目和每个节目的宗旨不一样。欣赏性的节目语言应相对少一点；专题性、娱乐性的节目，语言就可以多一些。最重要的是：无论什么节目、栏目和专题，都不能"跑题"，不能东拉西扯、想到哪儿说到哪儿！节目一定要有章法、有逻辑。

有的听众认为音乐广播的话多、太啰嗦。我想可能他们指的是在节目中的语言和前后所放的歌曲或乐曲，与整个儿节目主题关联不大，或者根本就不沾边。

语言在音乐节目中被称为串联词或解说词，在处理音乐节目中有两点需要注意和把握：

一是语言要与你所选的音乐结合。语言要服从于音乐，不能脱离音乐而任意发挥，而且还要服从于音乐的风格和特点，不能我行我素语言唱了主角，失去了整体节目的审美价值。语言量太大有时就会产生不像是音乐节目的后果。

二是音乐量要适度。语言和音乐二者要相互照应，要在突出音乐欣赏上下功夫。因为没有好的音乐作品作支撑，就不能称其为好的音乐节目。

如果节目中的语言很精炼很风趣，和音乐很贴切又能起到烘托作用，我想那些认为音乐节目中话多的听众是一定会转变看法的。

我们有的主持人一到话筒前，一说高兴就刹不住车。这时候你一定要想想，如果你作为一名听众，你会怎么想。主持人任何时候都要想到听众，因为我们的节目不是给自己听的，是为听众服务的。这个宗旨到任何时候都不能改变！

《瑞士湖光山色》2010 年在瑞士转播音乐会时拍摄

欢乐的火把节

——第四届中国凉山彝族国际火把节采风随笔

冯　健

北京音乐广播采风小组在第四届中国凉山彝族国际火把节期间进行了采风活动。火把节是四川凉山彝族最盛大的传统节日，一般要狂欢三天三夜。在这几天里，那里的彝族同胞要穿上节日的盛装，载歌载舞，美丽的姑娘们在众人面前展示自己悠扬美好的歌舞，同时还要进行非常有特色的选美比赛。她们的歌声充满了对生活的赞美，而选美活动将彝族的服饰美、音乐美、形体美和心灵美融为了一体。

近年来，随着改革开放的不断深入和凉山社会的进步，彝族火把节的内容也在不断地丰富更新，现在的火把节已经成为凉山的一大旅游观光项目，每年都要吸引几十个国家的游客。外国友人称凉山的火把节是有中国特色的"狂欢节"。

在火把节采风期间，我们音乐广播采风小组在美丽的凉山感受到了彝族音乐迷人的魅力和那独特的民族风情。

一、优美的民歌

凉山彝族音乐风格古朴，品种繁多，民族特色鲜明而浓郁，民间音乐中的民歌和民间文学关系密切，很多普遍流传的抒情长诗，如《阿莫尼惹》、《阿依阿呷》、《阿惹妞》、《阿丝牛》等，都是用歌曲的形式传唱的。除了叙事性的歌曲外，还有结婚时唱的歌曲如《惹打》，火把节唱的歌曲如《都火》，劳动时唱的歌曲如《犁地歌》、《牧学歌》等。此外，还有山歌、儿歌等。

《少数民族歌手》冯健采风时拍摄

在第四届中国凉山彝族国际火把节期间，还举行了"中国彝族民歌、民乐大赛"。音乐广播采风小组采录到了许多非常宝贵的音响资料。在采风中我们了解到，彝族民歌因地区的不同，其风格也有差异：凉山南部地区的民歌高亢激越，中西部地区的民歌轻柔优美，东部依诺地区的民歌敦厚朴实。过去的民歌，总的来说给人以压抑低沉之感，但其朴素优美的民歌韵味十分鲜明。

汉族在历史上受"男女授受不亲"等封建道德的束缚，青年男女往往不能自由社交，更不用说在社交场合进行音乐舞蹈活动。而在四川的凉山彝族青年中，情况大为不同，具有多种表演才能的姑娘往往受到小伙子们的亲睐，反之，则被认为不成器。

彝族人唱歌的发声方法具有科学性，善于将口腔、喉腔、胸腔、鼻腔自然发音配合运用，音域宽、吐气长，数十拍的长乐句能一气呵成，曲调既有表现抒情性的音调，又有叙述性的说唱音调，具有较细致的表现力。在火把节期间，我们看到彝族的民歌演唱形式多样，独唱与齐唱交替，帮腔与独唱相结合等，都起到了音色、音量的对比作用。

彝族妇女的歌声尤其独具风格：时而温情绵绵，如春雨润物；时而荡气回肠，使人心旷神怡，如痴如醉。著名彝族女歌手白秀珍演唱的《海菜腔》，能一气唱完每分钟约82拍速度的60拍到70拍，她的音域超过了两个八度，声音婉转抒情。听众说她像一只画眉鸟，不仅唱得好听而且传得很远，喉头像装着个"小唢呐"，令人惊叹、佩服。

二、婀娜多姿的彝族舞蹈

舞蹈在彝族人民的生活中占有十分重要的地位，彝族舞蹈形式多样，富有浓郁的生活情趣和民族风格。

"踏歌"是最具群众性的一种舞蹈。在各地彝族中"踏歌"又称为"达踢"、"跳歌"、"跳锅庄"等，是彝族历史上传承悠久的一种舞蹈形式。

除"踏歌"外，彝族舞蹈形式还有很多，如"跳芦笙"、"荞子舞"、"铃铛舞"、"阿细跳月"等。

彝族人认为："有嘴不会唱，白活在世上"；"有腿不会跳，俏也无人要"。"生活的艺术，艺术的生活"，使彝族山川弥漫着引人注目的风采。在舞蹈中，最有

《印象丽江》采风时拍摄

采访少数民族歌手

冯健和杨二车那姆的姐姐

在云南泸沽湖采风

冯健和泸沽湖摩梭人

名的是"阿细跳月"和"撒尼跳月"：男子身背大三弦，吹着笛子，又弹又跳；女的拍着手，跳出各种优美的动作。

彝族民间艺术中开出的凉山歌舞之花，不仅在中外舞台上一展辉煌，而且在现实生活中遍地开放。在火把节期间，我们采风小组经常可以看到来自国内外的客人，和彝族同胞手拉着手，围着一堆堆篝火，踏着优美的音乐，欢乐地跳着舞蹈，场面热烈壮观，气氛亲切感人。我们也被这种气氛所感动，加入到舞蹈的人群中。

三、彝族民族音乐中的乐器

在凉山采风时我们发现，彝族的民间乐器不仅作为歌曲的伴奏工具颇具特色，而且独立发展自成系统。引人注目的是，它所展示的历史时空跨度非常大，常见的有口弦、月琴、马布、葫芦笙、彝箫等。

口弦和月琴在那里十分普遍，很多妇女胸前挂着一付口弦，随时可以演奏。口弦是一种独特而简易的乐器，由几片长约七八厘米的薄簧片组成，有竹片和铜片两种，最少的两片，最多的五六片，竹制的音色深厚、

《泸沽湖》2013年拍摄于云南

低沉，铜制的音色清脆、清丽。吹奏时用手指拨动簧片，利用口腔共鸣变化音色，簧片除发出本音外，还发出十分优美的泛音，构成音域较宽的曲调。

月琴多为中青年男子喜爱，在这次火把节期间举办的"中国彝族民歌、民乐大赛"中，我们发现了很多优秀的民间月琴手。20世纪50年代，凉山彝族姑娘沙玛乌芝在莫斯科世界青年联欢节上的月琴演奏，就受到了很高的评价。

四、流行音乐在凉山

90年代初，流行音乐悄然走进了大凉山。在现代音乐的影响下，一位被称为"老鹰"的彝族小伙子，写出了第一首彝语流行歌曲《想妈妈》。

几天以后，这首歌传遍了山野，在昭觉县家喻户晓，很多母亲听后泪流满面。后来，老鹰、黑鹰、小鹰和几位舞蹈演员组建了自己的民间艺术团"山鹰组合"。

"山鹰"的音乐没有进行任何配器和包装，就是三把吉他伴奏的清唱，但是受到了彝族乡亲的极大欢迎。演唱被录制成盒带，在彝族村寨中互相传借。人们说"山鹰"的音乐来自心灵深处，自然天成，不加修饰，它和现代唱片工业的汇合，是一次古典与现代、主流音乐与非主流音乐的碰撞。"山鹰组合"的音乐显示出文化的原生力量和来自远山部落的呼唤，他们的音乐语言美丽动听、让人回味，带给人心灵深处的感动。

"山鹰组合"先后到了西藏、云南、贵州和故乡大凉山采风，为那里的人们演出，认真感受和收集那些地道的民间音乐。他们还曾代表中国前往哈萨克斯坦参加"亚洲音乐节"，第一次将中国少数民族流行音乐带上了世界舞台。他们淳朴的歌声打动了评委，歌曲获得了"最受欢迎音乐奖"。

在采风期间，我们常和一些彝族年轻人交谈。他们对流行音乐非常喜欢，谈起那些歌星也是如数家珍。在火把节闭幕时，组委会也邀请了一些内地及港澳台歌星在凉山州体育场演出，现场也是人山人海，观众们的热情丝毫不亚于其他地区。

我们采风小组在凉山火把节工作期间，深刻感受到了彝族人民那种热情奔放的性格和蓬勃向上的精神风貌，更感受到了彝族民间音乐的无穷魅力。美丽的凉山，迷人的火把节；难忘的凉山，欢乐的火把节！

《神秘的玉龙雪山》2013年到云南采风时拍摄

获 奖 作 品 赏 析

冯　　健

2004年北京人民广播电台优秀节目评选已结束，音乐广播获文艺类一等奖1个、二等奖3个、三等奖5个。可以说这些获奖节目凝聚了音乐广播编辑、主持人一年的心血。这些作品体现了思想性、艺术性和欣赏性的统一，同时这些作品都十分注意如何抓住听众的收听心理。在遵循文艺广播规律的基础上，表现手法力求创新，突出了可听性。

一、民族风格和地域特色突出

获奖作品中《回到拉萨》、《山哥哥的不了情》和《欢乐的火把节》都体现了不同民族、不同地域的音乐风格。

民族音乐体现了音乐的民族性、地域特色与民族精神，是民族传统文化的重要组成部分。中国民族音乐的精髓、气质、丰富的形态以及富有艺术个性的音乐语言，使它在中国本土生生不息。

《回到拉萨》以西藏音乐为切入点，通过"回到拉萨"、"西藏文化"、"高原的太阳"，三个章节循序渐进地展示与挖掘，从大文化角度对高原民族勇敢、快乐的民族精神给予了热情的礼赞和崭新的定位。

西藏是离太阳最近的土地，纯净的冰雪孕育出同样质地的西藏音乐，同时，西藏音乐又充满了神秘圣洁的特点。

这部作品在选材上十分精细，无论是委婉悠扬的民间音乐，还是充满了现代气息的现代音乐，都给人以美的感受，解说词与音乐旋律进行了有机的融合。听了这样的节目使人赏心悦目，优美的音乐如同一幅幅的民族风情画，达到了浑然一体的艺术境界。

在节目制作上，作者致力于"文本间性"（多文本混合）的打造，注意把民间、现代、独唱、群唱、人声、效果以及电声等资料作了很好的处理，创造了多维的听觉效应。

《山哥哥的不了情》以不落俗套的叙述、线条清晰的脉络、洗练概括的文笔和富于个性的音乐，揭示了从小山村走入大都市的民俗歌手张林的音乐人生。节目从头至尾紧扣"情"字做文章，在声声板胡中将"山哥哥"的板胡情结、故乡情结、民俗情结乃至西部情结淋漓尽致地展示在听众面前。

张林是一位农民的儿子，他从学习板胡开始，考入了山西临汾艺校，进入了山西蒲剧团。他独闯歌坛，下深圳、上北京，获得了民族音乐大赛金奖。

这部作品活灵活现、有血有肉，突出了民歌的通俗性、流行性和民族性的特点，心理描写细腻，文字简练洒脱，听后耐人寻味，有一种画面感。

《欢乐的火把节》描绘了四川凉山第四届国际火把节的盛况。火把节是四川凉山彝族最盛大的传统节日，一般要狂欢三天三夜。凉山是歌舞之乡，彝族是能歌善舞的民族，彝族音乐风格古朴、品种繁多、民族特色鲜明和浓郁。

作者随北京广播采风小组到凉山采风，亲身感受到了彝族音乐迷人的魅力和那独特的民族风情。在制作这部作品中，采用了很多在那里采录到的非常珍贵的音乐资料。

在作品中有一段这样的解说词："彝族民间艺术中开出的凉山歌舞之花，不仅在中外舞台上一展辉煌，而且在现实生活中遍地开放。在火把节期间，我们采风小组经常可以看到来自国内外的客人和彝族同胞手拉着手，围着一堆堆的篝火，踏着优美的音乐，欢乐地跳着舞蹈，场面热烈壮观，气氛亲切感人。我们也被这种气氛所感动，加入到舞蹈的人群中。"

通过这些解说，听众感受到了火把节那热烈的场面，听者有了一种身临其境的感觉。整部作品突出了民族音乐特有的韵味和艺术价值。

2006年到西藏纳木错湖采风

二、 题材选择巧妙，角度立意新

题材选择在广播创优中占有十分重要的位置，题材选对了可以说就成功了一半。以广播人的敏锐眼光和思维，讴歌时代、讴歌人民，这是广播人义不容辞的责任。

《再唱东方红》是通过当年参演《东方红》的指挥家、歌唱家、朗诵家等人的激情回忆与讲述，在难忘的老歌中，激励今天的年轻人牢记历史、开创未来。为此，这部作品的主创者进行了大量的追踪采访，有的是在演出后台采访，有的是经多方联系追访到演员的家中或医院进行采访。有的宝贵音响则是十年以前的采访，比如在《东方红》中演唱《西江月·井冈山》的寇家伦，作者十年前在他家中采访时，他已经生病，但还可以讲话，而今他已成为"植物人"，节目中的采访和他的演唱可以称为历史资料的"绝版"。

在获取了珍贵的第一手资料后，作者精心构思、巧妙安排，展示出《东方红》所产生的巨大艺术魅力。这部专题作品文字优美、制作精细、激昂向上、内涵深刻，给人思考与启迪，不仅对年轻一代具有震撼力与感染力，更在中老年听众中唤起了对逝去的岁月、逝去的青春、逝去的年华的美好回忆。

这次北京音乐广播获奖的节目中，还有两部介绍外国音乐作品的专题。《天籁之音圣母颂》，向听众展现了一首名曲从诞生、发展、传承，直至深入人心的点滴瞬间。

提起《圣母颂》，许多人认为这是颂扬圣母玛丽亚的，很自然地把它归到宗教音乐一类。《圣母颂》刚出现时，是天主教徒对圣母的颂歌。自从欧洲"文艺复兴"运动之后，《圣母颂》不论是曲调还是歌词，都冲破了教会的约束，更多地和世俗人情联系在一起，表现出了普通人的一种美好、朴实的感情和愿望。

这部专题采用了《圣母颂》的不同版本，最精彩之处是节目的尾声，著名黑人歌手鲍比·麦克菲林带领众人合唱了《圣母颂》，气氛神圣又无比动人。节目突出了欣赏性和艺术性，具有很强的感染力，如天籁般优美的旋律和声音回荡在上空，使这部经典作品

焕发出新的光彩。

《声音的革命》描述了闻名世界的法国音乐家让·雅尔在紫禁城午门的一场演出。

作为中法文化年最重要的演出活动，让·雅尔首次在户外使用了5.1环绕声系统，这是继1877年的单声道和1958年的立体声之后又一次声音的革命。让·雅尔的《航空环绕声》也成为世界上第一张以5.1环绕声方式录制的音乐专辑。他在采访时表示，这次声音的革命将让人们重新认识音乐所能表达的一切。

音乐本来就是一个五彩缤纷的世界，可供大家选择的题目、内容、视角很多。《声音的革命》这部作品结构新颖、制作精良，声音效果尤其突出，引领听众进入了一个奇妙的音乐幻境。通过作者对让·雅尔的采访，对声音记载历史的回顾和分析，作品对未来音乐的记录和表达提出了全新的概念。

三、以小见大，注重突出节目内涵

《思想起》是作者根据自己亲人的真实经历创作的

2011年到瑞士卢塞恩转播音乐会

一部作品。通过台湾民谣和情感两条线，描写了一位背井离乡台湾人的真实故事，从历史、音乐、情感等方面展现了海峡两岸血脉相连的同胞情缘。

1. 微观入手，以小见大

这部作品从妻子送的一张台湾民谣 CD 开始，用细腻的描写、生动感人的情节，叙述了海峡两岸同根同血脉的历史事实。以台湾民谣《望春风》、《思想起》等优秀作品改编的管弦乐作为这部作品的音乐主线，突出了音乐性和欣赏性。因为台湾音乐受日本音乐的影响很大，一些作品让人们感觉不是很大气。但通过大型管弦乐队来演奏这些作品，使台湾民谣的旋律得到了升华，大气磅礴，令人震撼。

2. 构思巧妙，情节描述细致

作品中通过对台湾的历史、台湾人民对外来侵略者不屈不挠的抗争，展现了《中华魂》的强大凝聚力。其中有一段解说词是这样写的："父亲记忆最深的是 1945 年 8 月 15 日日本宣布投降后的那个早上，消息一传开，台湾的大街小巷就像过年一样热闹，家家户户张灯结彩、锣鼓喧天，就连平日很少看到的舞狮舞龙的队伍也突然出现在大街上。……那深藏在人们心底里的中国传统风俗，一夜之间就弥漫了整个台湾！"

播音员激动人心的解说和具有中国特色的欢庆音乐，把中国人的民族感情一下推向高潮。通过这些表现手段，印证了海峡两岸民族文化的相似、相通和相融。作品立意深刻，表达入情入理、质朴自然，不用明说，就是对"台独论"的否定。

3. 以情感人，以情动人

一部好作品中必然有几个"动情点"。怎么样才能做到情感递进，既有波澜又不塌腰，最后形成高潮，这需要主创人员的创作经验和丰富的情感。"动情点"要引发听众的想象、思索和共鸣，有哲理的反思和感悟，这是《专题音乐节目》的高境界。

这部作品是这样结束的：

在我书房的墙上挂着一首诗，它是辛亥革命老人、国民党元老于右任先生在临终前写下的哀歌："葬我于高山上兮，望我大陆；大陆不可见兮，惟有恸哭！葬我于高山上兮，望我家乡；家乡不可见兮，不能相望！山苍苍，野茫茫，山之上，国之殇……"但是半个世纪后的今天，他的怀乡思国之情，却仍然是一首触动炎黄子孙灵魂隐痛的绝唱，让天下的华人沉醉在共有的乡愁中。我知道，故乡的青山只要一日不见，中华民族思乡之愁的旋律就会带着它永远的伤痛，如泣如诉地回荡在弯弯曲曲的海峡深处！

这段感人的文字用具有伤感旋律的管弦乐烘托，让人沉浸在海峡两岸人民共同的伤感中。这部作品引人联想、促人深思。虽然作品中没有一处带有"统一"的字眼，但这些有血有肉的情节，有力地证实了台湾是中国不可分割的一部分。

这部作品虽然获得了一等奖，但还有很多不足。比如：挖掘得还不够深，一些故事情节写得太满，影响了音乐的延伸和发挥。基础是有了，还有待进一步提高。

精品代表了一个台的整体水平。获奖虽然重要，但主要目的还是要通过评奖，带动大家在知识结构、业务能力、制作水平上不断提高，培养编辑、主持人钻研业务的良好习惯，拿出更多更好的作品服务于听众。

2011 年在深圳广播电台讲课

精品，永恒的主题

冯 健

2005 年 12 月 21 日，中国广播影视大奖 2004 年度广播电视节目奖颁奖会、研讨会在杭州举行。北京音乐广播选送的专题音乐节目《思想起》获得中国广播影视大奖。北京音乐广播已连续五年获得此项殊荣（前几年获得的是中国广播文艺奖音乐节目一等奖）。和以往不同的是，这次会议增加了由全国获奖节目主创人员进行业务交流的内容。研讨会上，大家畅所欲言，介绍创作精品节目的经验。音乐广播的获奖节目《思想起》获得了与会人员的好评，大家一致认为此节目具备了优秀专题音乐节目所必须具备的四个特点：新、深、美、真。

一、"新"——形式新、角度新、内容新

2004 年度的中国广播影视大奖一共评出 124 部作品，竞争相当激烈。用专家们的话"战况惨烈"来形容并不为过。这一届在评选中共收到全国 31 个省市加上三大台共 1305 部作品，其中广播 810 个，电视 495 个。最后获得大奖的 124 部作品可以说代表了中国广播电视的最高水平，也表明了广播精品节目今后的走向。这些作品题材丰富，把握了时代的脉搏，用全新的角度去挖掘，不仅真实可信，而且生动感人，让听众如临其境，如闻其声。

创新是广播精品创作的灵魂。"新"不仅体现在内容上有新的内涵与深度，而且体现在形式上有新的表现手法。精品是广播工作者抱着对社会高度负责的态度，在坚持正确导向的同时，把精益求精、锐意进取、不断创新的意识，灌注到节目策划、创意、制作的全

过程中。对广播而言，精品意识包括导向意识、创新意识、竞争意识、激励意识。它要求广播工作者将其作为一种经营理念，贯穿到节目创作生产的各个环节，并以健全的生产机制、创优机制作保障，带动节目整体水平的提高，在为社会服务的同时，也为自身的生存发展开拓空间。

能给评委们留下深刻印象的节目大致有两类：一是能催人泪下，二是有所创新。创新是广播事业生命力得以延续的保证。只有不断地推陈出新，从形式和内容上摈弃过时的僵死的东西，代之以听众喜闻乐见新鲜活泼的精品节目，才能促进广播事业的发展。

我们无疑应该大力鼓励创新，成功的创新，不可能一蹴而就，往往要经过一段艰难的探索过程，在探索中不断修正，在修正中日臻完美。

在这次评比中获得一致好评的专题音乐节目《思想起》，是通过台湾民谣和人物情感两条线索，讲述了一位背井离乡台湾人的真实故事，展现了海峡两岸血脉相连、同根同族的情缘。以往台湾题材的作品很多，如何把这一类题材做出新意，是我们着力的重点。《思想起》的成功在于，它并不是一种简单的介绍和欣赏，而是发挥广播独特的魅力，调动多种广播元素，沿着两

冯健到福建湄洲岛采访

条线去展示、发展、延伸和升华，真实可信，动人心弦。

精品节目的角度一定要有新意。一样的事情，站在一个新的角度以新的观点去看，就会有不同的理解和感受。事物本身虽没有变，但反映事物的角度变了，所反映的事物的深度便可能随之变化。角度要新，就不一定非要"全"，求全往往搞不出新角度。而抓住有代表性的一点一面，涵盖整个所要表现的事物，往往事半功倍出奇制胜。政府奖的评比对参评作品是十分挑剔的，如何在作品一开始就以独特的视角抓住评委并留下良好的印象非常重要。一位评委说："在听北京音乐广播选送的专题音乐节目《思想起》时，评委们为这部作品所产生的艺术效果所震撼了。表现台湾题材的作品很多，但《思想起》所给人的启示令人难忘。它所选择的角度、形式、内容和其他作品相比具有新意。"

二、"深"——思想有深度，观点深刻

精品的选材非常重要，首先要看导向是否正确，是否有独特的视角，很重要的一点还要看是否有思想上的深度。构思要巧妙，阐述的观点深刻，才能给人以反思和启迪，才具有较高的艺术价值。从人类的发展历史看，真正能反映一个时代人类进步标志的，特别是代表一个民族理性思维高度与心灵深度的，仍然是体现了时代精华的精神产品。

专题音乐节目《思想起》通过对台湾的历史、台湾人民对外来侵略者不屈不挠的抗争，展现了"中华魂"的强大凝聚力。其中有一段解说词是这样写的："父亲记忆最深的是1945年日本宣布投降后的那个早上，消息一传开，台湾的大街小巷就像过年一样热闹，家家户户张灯结彩，锣鼓喧天，就连平日很少看到的舞狮舞龙

的队伍也突然出现在大街上。……那深藏在人们心底里的中国传统风俗，一夜之间就弥漫了整个台湾。"

播音员激动人心的解说和具有中国特色的欢庆音乐，把那种具有中国风格的情调一下推向高潮。通过这些表现手段印证了海峡两岸民族文化的相似、相通和相融。作品的立意入情入理，在这里，不用明说，也就是对"台独论"的一种否定。

三、"美"——音乐美、语言美

精品节目是编辑、播音、制作等各个环节通力合作的结果，把丰富逼真的音响、扣人心弦的音乐、富有感染力的演播，通过制作技术有机地结合在一起，最终使主题思想在节目中得以完美地体现。把所有的创意体现出来，有技术和技巧因素，但更重要的是要突出节目的艺术性和欣赏性。

精品节目的音乐素材要选好。音乐通过它的各种表现手段不仅能够真切而优美地传达人的喜怒哀乐以及各种性格，而且具有鲜明的时代特征和民族特色。但是音乐又具有抽象性和概括性。正是因为这些特征，在做精品节目时，音乐的作用是多样的，它不仅可以烘托情绪，而且对主题的深化、人物性格的刻画、作品的风格、段落的揭示等，都起到了非常重要的作用。

《专题音乐节目》对音乐选择的要求，首先要旋律美、动听，不管是歌曲或乐曲，一定要选择上乘的作品，不好的作品坚决不能凑合。音乐和语言的结合要相得益彰、天衣无缝，一定要让音乐来说话。音乐扬起时要有光彩，要体现前面语言的含义。有些选送的节目音乐前后风格没有什么联系，还有的把音乐填得很满，自始至终和语言如影随形，失去了音乐的真正作用。

所选择的音乐要和整部作品相吻合，要"量体裁衣"，确定好音乐在作品中的作用以及和语言的结合点。

尤其要注意的是，在音乐专题节目中，音乐不是处于从属地位可有可无的，更不能把音乐只作为一种配乐来处理。没有好的音乐，《专题音乐节目》就立不起来，也不可能成为具有艺术感染力的精品节目。

精品节目的制作是一个复杂的过程，大体上可分为题材的选择，文字的写作，音乐、音响、采访的选择，还要不断地修改。

首先要注重立意的把握和布局。要把握节目的主脉，真实地反映人物的内心世界以及作品中最有价值的动情点。

要处理好起承转合的几个环节，做到错落有致。什么时候节奏快，什么时候节奏慢，何时出音乐，何

1985 年冯健在长城

60

2010年在意大利斯卡拉歌剧院

2006年在捷克采风

《快乐的孩子们》2009年到丹麦转播音乐会时拍摄

时出语言，何时出音响，何时出采访，何时是这部作品的高潮，这一切都是一个有序的过程，要有一个合理的布局，需要编辑通盘考虑。有些选送的节目，选题不错，但节目做得虎头蛇尾、头重脚轻，第一轮就被淘汰了。

制作合成是节目的最后一道工序，精品节目要求做到思想精深，艺术精湛，制作是非常重要的环节。在制作精品节目时要遵循广播的规律，遵循声音的传播规律，遵循音乐的规律，讲究音乐、语言、音响的有机结合，使人听起来流畅自如，浑然天成。音乐一定要选择和文字相吻合的音乐，音乐结束时要有终止感，不能生掐硬断。

四、"真"——真实感人，以情动人

专题音乐节目《思想起》力求在角度和表现手法

上寻找突破口，大胆地在听觉艺术中创造视觉的画面感，把语言、音乐、音响巧妙地融合在一起，并在结构方面进行了大胆的探索。节目既有层次感，又有整体感，使得内容环环相扣，主题层层递进，不断升华。

怎样做到情感递进，既有波澜又不塌腰，最后形成高潮，需要主创人员的创作经验和丰富的情感。"动情点"要引发听众的想象、思索和共鸣，是哲理的反思和感悟，这是《专题音乐节目》的高境界。

这部作品从要求送给主人公一张台湾民谣CD开始，以细腻的描述、生动感人的情节，真实地反映了海峡两岸同根同血脉的历史事实。以台湾民谣《望春风》、《思想起》等优秀作品改编的管弦乐曲作为这部作品的音乐主线，突出了音乐性和欣赏性。并且通过大型管弦乐队的演奏，使台湾民谣的旋律得到了升华，大气磅礴，令人震撼。

广播精品节目的产生是广播主创人员综合素质的

《橡树园农庄》美国南方地标的历史古迹，2012 年冯健在新奥尔良拍摄

体现，其中，深入成功的采访是创作精品节目的基础。专题音乐节目《思想起》一共有四段采访，每段采访都有独到之处，生动地反映了人物的内心世界。特别是对福建省莆田湄洲岛寨下村陈金蓝先生的采访，他一家的遭遇是海峡两岸隔绝亲人痛苦分离五十年来的历史缩影。他当时是这样说的："我的祖父祖母一直期

我的祖母年年都是这样，祖父祖母在临终的时候眼睛都不能闭啊，感到很不甘心……"这时感人的乐曲扬起，使这段精彩的采访得到了升华。

这部作品是这样结束的："在我书房的墙上挂着一首诗，它是辛亥革命老人、国民党元老于右任先生临终前写下的哀歌：'葬我于高山上兮，望我大陆；大陆不可见兮，惟有恸哭！葬我于高山上兮，望我家乡；家乡不可见兮，不能相望！山苍苍，野茫茫，山之上，国之殇。'……但是，半个世纪后的今天，他的怀乡思国之情，却仍然是一首触动炎黄子孙灵魂隐痛的绝唱，让天下的华人沉醉在共有的乡愁中。我知道，故乡的青山只要一日不见，中华民族思乡之愁的旋律就会带着它永远的伤痛，如泣如诉地回荡在弯弯曲曲的海峡深处！"

这段感人的文字用具有伤感旋律的管弦乐烘托，让人回味在海峡两岸人民共同的伤感中。作品引发人的联想和深思，具有强烈的艺术感染力。虽然整部作品中没有一处带有"统一"的字眼，但这些有血有肉的情节有力地证实了台湾是中国不可分割的一部分这一事实。

综上所述，在音乐节目的制作过程中，选材角度的"新"，作品思想的"深"，作品内容、形式与制作的"美"，以及情感的"真"，是精品节目所必须具备的重要也是最基本的特质。节目只有具备了这些特质，才能做到主题健康向上，形式丰富多彩，运用音乐音响等艺术手段塑造听觉形象，揭示出更广阔、更深层的文化内涵，融思想性、艺术性、知识性于一炉，同时具有较强的欣赏性和娱悦性，给人以高雅、欢快的审美感受，成为真正的精品。

盼我的爸爸回来，遗憾的是没有看到他，所以我的祖父祖母一生眼泪不断，特别是我的祖母，每年正月初一早晨第一顿饭放在那边，说这一碗是给我爸爸吃的。

广播中的通俗音乐

冯　健

在音乐广播节目中，通俗音乐有广大的听众群体。通俗音乐泛指一种通俗易懂、轻松活泼、易于流传、拥有广大听众的音乐。它有别于严肃音乐、古典音乐和传统的民间音乐。

一、通俗音乐的分类

通俗音乐大多取材于日常的现实生活。声乐作品以爱情歌曲居多，也有描写人生伦理、生活理想、思念故乡以及对黑暗社会的讽刺和批判等内容。器乐作品以舞曲和改编曲居多。

1. 古典音乐中的通俗音乐。一些标题小品和舞曲、进行曲、序曲等。比如音乐广播《通俗音乐会》中播出的贝多芬的《献给爱丽丝》、舒曼的《梦幻曲》，还有听众喜爱的约翰·施特劳斯的圆舞曲等。

2. 通俗音乐当然包括来自底层劳动人民而又有各

《耶鲁大学校园》2013年在美国拍摄

里埃这样的世界著名的轻音乐团，他们演奏古典音乐，也演奏标题小品、民歌、民间舞曲，但经过改编后，音乐风格也成了既有古典的典雅、又贴近听众对音乐怡情美学的追求。两者比较之"跨界音乐"，主要是音调节奏、音色外形上的；而"怡情音乐"主要是情调宣泄上的，这种音乐还包括在音乐广播《浪漫晨曲》和《通俗音乐会》中经常播出的钢琴王子理查德·克莱德曼的音乐。

以上的通俗音乐分类可能会使人产生一些困惑，又是古典的，又是严肃的，又是通俗的，这种"兼有"是怎么回事？世界上许多学科的分类具有模糊性，音乐领域里古典和通俗、高雅和通俗之间也是如此。比如上面提到的第一类的古典音乐中的通俗音乐，第三类中的我国听众非常熟悉的创作歌曲，如《长江之歌》、《鼓浪屿之波》，还有第五类里的三大轻音乐团和克莱德曼的许多作品和演奏风格，就是处于高雅和通俗之间的模糊带的。这种模糊性是合理的，不必非精确化不可。

历史的长河常能使俗变雅，不仅因俗中蕴含有雅的基因，且观念也常因时与境而变异。正如音乐中的协和与不协和的观念常随历史的进展而常变异一样。更有甚者，以文学为例，在其本身的进展过程中，总是由俗向雅而提高，由雅向俗而普及。通俗音乐是毋庸自卑与自轻的。

高雅与通俗可分也不可分，有今天的论断，也有明日的变迁。以上的分类，只能是轮廓性的概括和梳理。

种变异的爵士音乐，以及由此而发展的百老汇音乐、好莱坞电影音乐、美国西部音乐、摇滚乐及其各个分支。

3. 许多抒情、轻快的我国和世界民歌、作曲家创作的歌曲，或者是人声演唱，或者是器乐改编曲。

4. 以欧美、日本、我国的台湾、香港流行音乐为蓝本的大量歌曲。

5. 有古典音乐风格又兼有通俗音乐特征的"跨界音乐"，主要有两种：一种是将古典音乐主题（民歌、或歌曲主题）串联起来，以电声乐器（电吉他、电贝司、架子鼓、合成器或电子琴）的音色为主，用迪斯科的固定节奏来进行演奏，是古典和"通俗"的融合物；另一种是类似曼陀瓦尼、詹姆斯·拉斯特、保罗·莫

二、通俗音乐的音乐特征

通俗音乐的结构形式通常比较短小简练，器乐曲常做机械的反复和简单的变奏，常与舞蹈结合在一起。

许多通俗音乐强调即兴性，而这种即兴性意味着一种高超的技艺和音乐感觉的敏锐性。

在旋律上，通俗音乐力求易记易唱，音域较为狭窄，声乐曲以分节性歌曲居多。不少通俗歌曲与民间音乐有紧密联系，经常采用富有地方色彩的音阶和调式，因而更具有通俗性。

在节奏上，通俗音乐强调强烈、清晰、单纯而富有变化。乐曲的整体或整个段落常采用长时间的固定节拍（如音乐广播《通俗音乐会》中播出的圆舞曲、波尔卡等）。

在和声上，通俗音乐远比古典音乐简单纯朴。在音色配置上，通俗音乐的乐队通常人数不多，但力求发挥各个乐器的独特效

2009年到部队慰问演出

果。随着科学特别是电子工业的发展，现代通俗音乐越来越多地强调借助和运用电子手段。不但使用电子乐器、电子音乐以及其他的特殊音响和复合音响等，在录音制作和实况演出时，话筒的操纵技术已成为重要的表现手段。

通俗音乐的演出形式强调群众性，经常与舞蹈相结合，特别是在大型的演出中，广泛使用舞蹈、舞台美术、灯光、服装、新的音响媒介等，并与其他艺术综合在一起。演员经常与听众交流，同歌共舞，打成一片。北京音乐广播每年举办的《中国歌曲排行榜颁奖晚会》

就属于这一类型。

三、通俗音乐的平民性

作为艺术品类的通俗音乐，在美学特征上最显著的是它的平民性。谈论当代通俗音乐的平民性，必然先从20世纪开始产生和形成的美国爵士音乐谈起。

爵士音乐来源于从非洲贩卖而来的黑人奴隶，打上了奴隶们和底层劳动人民深深的烙印。爵士音乐表现了他们的喜、怒、哀、乐，形成了毫不拘束的即兴、随意、豪放不羁的风格。在音乐语言上、形式上和观念上完全不同于欧洲的古典音乐。由此而来的许多音乐品种：美国早期的流行歌曲、百老汇音乐、好莱坞电影、乡村音乐，以及后来的摇滚乐和众多歌星演唱的流行歌曲，无不与它有着这样那样的渊源联系，无不继承了以充分表现普通平民的个性、感情和音乐手段又可参与性的特征。

许多艺术性强的音乐作品常摆脱不了表现语言上的修饰性，因为"修饰"可能会使作品更技巧化，表现手段更细致，同时也会使艺术家的地位升值。而通俗音乐则可能袒露、直白得多，不仅是表达爱情，即使是对人生、对生活的哲理性思考和回顾，也有其直抒胸臆的性格。

通俗歌曲的平民性优势不仅在舞台上、在音乐作品中，尤其在电影、电视里。由于它的平民性与剧中人物的气质、身份更接近，所以许多主题歌、插曲都自然而然地选择了通俗歌曲这种类型。

通俗音乐的平民性还表现在它为平民们所创造的"可参与性"这一特点上。

音乐广播每年转播的德国柏林音乐会就突出了"参与性"。这种音乐会和流行音乐会一样，不是在城市里的音乐厅举行而是在柏林郊区的森林里。听众可以非常随意，突出了"参与性"。世界著名的波士顿乐团自1930年以来，每年夏季都以波士顿通俗管弦乐团的名义举行定期音乐会，向更多的听众介绍通俗的管弦乐作品，受到了广泛的欢迎。

音乐艺术大众化的趋势，是近现代音乐史上值得重视的现象之一。古典音乐走出封建宫廷和贵族沙龙以后，随着历史的前进和社会物质文化生活的发展，日益在广大听众中得到普。在这个过程中，一部分"阳春白雪"逐渐演变为"下里巴人"，获得了更为广泛的听众。一些刚问世时被认为很不通俗的作品，比如普罗科菲耶夫和斯特拉文斯基的某些作品，如今也变成演出率很高的通俗名曲了。

从音乐广播听众市场调查表中看，通俗音乐听众占据了绝大多数。这种现象不仅在我们台是这样，全球的音乐听众的比例也可以说是都差不多。严肃音乐听众比较少，而"现代音乐"的听众更少。

18、19世纪的古典音乐和浪漫派音乐，虽然里面透露出作曲家和人民的联系，反映了作曲家和人民共同推进历史的愿望，但就其产生的背景和听众对象来看，它的整体属性仍基本上是贵族的和艺术家文艺沙龙的，

真正属于底层人民的音乐，应该从19世纪、20世纪初的通俗音乐算起。

四、通俗音乐的娱乐性

通俗音乐比高雅音乐要富于娱乐性，内容很广泛。

1. 宣泄爱情和感怀人生。

2. 讴歌祖国，缅怀家乡。

3. 吟咏自然风光和风土人情。

4. 抒情小品，轻歌曼舞。

5. 历史传说，人物素描。

在通俗音乐里，各种各样的题材大都从侧面来提取切入点，然后从抒情或热烈的角度来体现。缠绵或者激扬的旋律、舒缓或者雀跃的节奏、柔美或者喧闹的乐队音色，让人们在轻松愉悦、无拘无束的氛围里受到感染，从而获得美的享受，陶冶情操，增长知识，宣泄感情。而这一切又正是通过潜移默化的娱乐过程来完成的，可以说，娱乐性——而不是说教性——是通俗音乐赢得听众的重要原因。

音乐广播中的节目《帮帮带你听天下》，就是通过各种形式和编辑手法营造了一个娱乐的轻松氛围，为听众带来一个集娱乐、欣赏于一身的轻松、欢快的通俗音乐娱乐性节目。

通俗音乐的娱乐性还表现在通俗音乐欣赏方式的随意多样上。它可以在"前景"来聆听，也可放在背景，仅仅作为一种气氛，漫不经意地听。它可以在剧场演出，也可以在体育馆、露天舞台演出，至于歌厅、舞厅、饭店、茶座里的伴宴、家庭聚会、公园、商店和旅游度假这些工作之外的休闲时间和场合，更是适宜通俗音乐来营造氛围。因而，欣赏通俗音乐环境的随意性也是它受到听众喜爱的一个原因。

浅谈广播里中国音乐的艺术魅力

冯　健

在音乐广播的听众中，有不少人为中国音乐的艺术魅力所倾倒。中国音乐能够延绵数千年，并在世界音乐中独具特色和影响，是在多种文化的交融中，经过无数次的变迁、整合，才得以保持其永不枯竭的生命力。

一、中国音乐的韵味

韵味是中国音乐的灵魂，它的地位举足轻重，像意境、气质一样只可意会不可言传。我们在制作中国音乐节目时，一首曲目同时有很多的版本，有的无论从演奏、演唱还是录音制作，都传神般地表现出了中国音乐独特的韵味；有的则反之，在筛选的过程中能够体现出一位编辑的音乐修养。

"韵"，狭义的是指音响的流动，英文把"韵"常译作"音乐的律动"，这种译法用在我们的"韵"上是不准确的，容易与"声"相混淆。"声"也是指音响的流动，而这两个字的意义是有区别的。"韵"强调音响的波状流动，"声"则泛指音响的流动，同音反复和直拖长音也是音响的流动，却不是波状的流动。"味"字原意是从饮食文化中来的，这种感觉需要通过反复咀嚼才能准确地为人所把握。因此，"味"这个字常被用在需要循环反复感觉的地方，尤其多用于艺术欣赏方面，比如"品味"、"玩味"、"回味"。而"韵味"是指一种独特的、波动的、耐人寻味的美感。

强调韵味是中国音乐的重要特征。民歌里围绕基音上下波动的多种装饰性润腔，民间器乐中各种加花、装饰、揉、滑、压、颤等技法，包括笛子的气颤音、指颤音，笙的喉颤音、舌颤音等等，都是为了强调横向曲线上的动感，以求得各种风格的韵味。

中国音乐的韵味，是中国所谓"线"的艺术灵魂中最鲜活的成分——动态形式感，在中国音乐中的体现。这种动态形式感在我们民族各类造型艺术、表现艺术，甚至所有堪称艺术的领域中都有所体现。它是一种特殊的形式美，不同于西方传统美学体系中的"节奏韵律"，特别强调波状线而形成一种更耐人寻味的内在美。它与人的呼吸、脉搏、思维和内在精神似有相通和协调之处，同时也体现了中国艺术所特有的"天人合一"的境界。

二、中国音乐的含蓄美

在各个艺术门类中，音乐表现情感最为直接，甚至可以及语言之所不能及。斯美塔那的《沃尔塔瓦河》有汹涌澎湃的撞击波，门德尔松的《船歌》却带给你微光粼粼的清波，贝多芬的《命运交响曲》用沉郁的动力感引导你思索，舒伯特的《摇篮曲》用温和的律动送你进入静谧的梦乡，柴科夫斯基的《悲怆》播撒的悲哀几乎笼罩着世界。当西方音乐调动节奏、旋律、音量、肢体等各种因素来挖掘音乐的表现力时，中国音乐却另辟蹊径，利用音乐艺术的抽象性，绕开直畅，执著地追寻着含蓄美，从而开掘出自己独特的审美个性。

例如，音乐广播《通俗音乐会》节目中经常播出的《二泉映月》，从第一句就把人带入一种沉沉的哀愁，但这种愁不是向公众的呐喊和控诉，而是一种深埋心底的挣扎与叹息，其情绪张力是内在的。如果说西方艺术擅长用摧毁、撕碎美好等大悲剧的手法展示艺术魅力的话，中国艺术恰恰擅长用淡淡的哀愁将人带入无尽的忧伤。两种手法同样具有极强的感染力，但一个震撼，一个隽永。中国少数民族音乐中也有很多具有含蓄美，

《油菜花香》2007年随北京市音乐家协会到甘肃采风时拍摄

2006年到西藏采风

如蒙古族长调民歌，曲调悠扬而情感深沉；朝鲜族、傣族的音乐就像这两个民族的温柔个性一样细腻、含蓄。另外，还有在音乐广播节目中经常播出的小提琴协奏曲《梁山伯与祝英台》，以它优美的旋律和淳厚的韵味打动了无数听众，而且曲中一些中国式的艺术形式与表现手法也充分体现了中国音乐的含蓄美，颇受听众称道。

在音乐广播《浪漫晨曲》节目中播出的民族管弦乐曲《春江花月夜》与它的原型——琵琶曲《夕阳箫鼓》，同为脍炙人口的名曲，但前者比后者多了一份尘世的热闹。《夕阳箫鼓》里纯然是"江天一色无纤尘，皎皎空中孤月轮"，给人的心中投下一片大自然的静谧。滚奏、扫弦与轮指所带来的动感，也只是"花影层叠"、"涧澜拍岸"的山水意境——绝非人间的喧嚣。最具中国特色的含蓄美，就存在于这样一类并非表现喜怒哀乐具体情绪，而追寻弦外之音的音乐中。

弦外之音，"指由含蓄音乐所唤起，经静思而至的一种与'道'相系，通向宇宙本体、通向人生自由的意味、境界、神韵，近于中国文论、诗论、画论中

的言外之意、象外之象、韵外之致、味外之味等等概念"。

例如在音乐广播《浪漫晨曲》节目中播出的《广陵散》和《流水》等乐曲，充分体现了中国音乐的含蓄美。古琴在中国音乐文化中占据着重要的地位，在相当多人的心目中，它几乎就是中国古典音乐文化的象征，是中国人音乐审美倾向的选择，清楚地表明了中国人的审美倾向就是含蓄美。

不管中国音乐含蓄美倾向生成的原因如何，它已是中国人牢牢把握在手的审美特色，并在中国音乐中美出了魅力、美出了档次、美出了让世界叹为观止的含蓄境界——"幽淡的、微妙的、静寂的、洒脱的，没有彩色的喧哗炫耀，而富于心灵的幽深淡远"。中国音乐在这方面的成就，是中国人的智慧和几千年悠久文明的体现。

三、中国音乐与修身养性

音乐艺术之于中世纪的西方，固然曾是宗教的奴仆，但文艺复兴以来至本世纪之前，西方人最重视的是音乐功能。

李斯特说音乐"既表达了感情的内容，又表达了感情的强度"。圣桑说："当说到表现各种程度的激情、最细腻的感情色彩时，我总是看到音乐艺术的威力。"而音乐的其他功能，如营造气氛、心理治疗等等，是在近些年才受到重视的。可是在中国几千年浩繁的文献记载中，音乐除了表情功能外，还有一种很重要的"养心"功能。这个特点当然首先与中国的气功、中医宗旨相似，即调理身心。但是中国音乐传统中所说的"养心"并非停留在健康一个目的上，它还与道德至上的

1. 女儿冯兆姗在音乐的熏陶下成长
2. 她对中国文化充满浓厚的兴趣
3. 她现就读于美国埃默里大学

1

3

2

1. 1984 年冯健和妻子冯磊
2. 2009 年冯健、冯磊和女儿冯兆姗在马来西亚
3. 2012 年在美国埃默里大学参加女儿的开学典礼

人文伦理原则相关。

音乐广播前些年有一档节目叫"音乐治疗"，节目中用各种类型的音乐为人们进行治疗，取得了很好的效果。"修身"，即自觉地把整个社会的契约——伦理道德规范，通通"内化为自律的苛求"。这种心理理性化的过程必然离不开"养性"，即把性情维持在一个最宜进行心理理性化的平和度上。凡事寻找适当的度，是理性化的标志。中国文化中，"适度"二字，绝对是褒义的。要想适度，必然会排斥激烈、急躁、痛苦、忧伤等激烈情绪。

音乐广播《浪漫晨曲》节目中播出的一些古琴音乐，恰恰具备这种功能。它对清、幽、淡、远的追求，某种程度能够达到气功意守丹田的特殊功效——一切繁杂的思绪、激越的感情，都在这一刻化为虚无——所谓"万事离离中"。久而久之，万千"这一刻"的积累会起到中医里"敛阴泄热"、"调中益气"、"散热培阴"的调养作用，从而培养起一种平和的常性而适应心理理性化的"修身"。

在音乐广播《通俗音乐会》中播出的《江河水》，表现情绪的幅度较大，如泣如诉，撕心裂肺地悲哀；《雁落沙滩》则如诗如梦，如典雅含蓄的丹青画面；民族小曲《小放驴》，活泼轻盈、谐趣横生；这些乐曲都能用管子表现得淋漓尽致。这种乐器在隋唐时期曾红极一时，十部乐中，它是"众器之首"，相当于西洋交响乐队里的首席小提琴的位置。这种能够表现各种情绪的乐器演奏的音乐，能够起到修身养性的作用。

儒家经典中有句名言"克己复礼"——抑制私欲以服从群体的社会契约，这是修身养性的重要目的。值得注意的是，中国传统文化中，以音乐养性手段的

心理理性化过程不是简单的阻碍式压抑，它是一种分流，一种平衡机制，甚至是一种消解。它所达到的效果，某种意义上是当今西方世界一种渴望逃离竞争旋涡的人梦寐以求的——修炼成处乱不惊、与世无争的恬淡心理素质，无论外界是何等危机四伏，或千帆竞过，你却在内心永远保持那份平静的心态和怡然的情致。伟大的心理学家荣格曾说："一个人只有当他适应了自己的内心世界，也就是说，当他能够经常自己保持和谐的时候，他才能以一种理想的方式适应世界所提出的需要。同样，也只有当他适应了环境的需要，他才能适应他自己的内心世界，达到一种内心的和谐。"

中国传统文化，特别是中国音乐文化，有丰富的调整内心世界的成熟经验。用音乐修身养性，对一个民族心理理性化，尤其是对个人心理理性化的长期作用，不仅影响人们对音乐的审美倾向，更可能在当前高速发展竞争激烈的时代，对协调群体关系，减少社会矛盾冲突，起到独特而积极的作用。

5岁女儿和她心爱的小提琴

《林肯纪念堂》2013年冯健拍摄于美国华盛顿

由获奖专题音乐节目所引发的思考

冯　健

北京音乐广播创作的专题音乐节目，在历年的全国性评奖中，先后获得中国广播文艺奖音乐节目一等奖4个，中国广播文艺奖音乐节目创新奖1个，中国广播影视大奖1个，可以说硕果累累，充分体现了北京音乐广播采编人员的专业素质和创作水平。

专题音乐节目在广播中占有重要地位，是一种最富于创造性的节目，也是最能锻炼、提高和发挥创作人员多方面才能的节目。优秀的专题音乐节目编辑，除了必须具备敏锐的政治素质，还应具有较高的音乐评论水平和较全面的古今中外音乐专业知识，并能准确把握熟练运用广播音乐的特点，才有可能创作出高水平的专题音乐节目。

一、必须精通音乐

音乐是一切艺术中最强有力的、高度激情的艺术，也是人们认识世界、认识人的一个窗口。它是一种文化，是人类情感、思想和生活的一种表现形式。音乐可以把人们内心世界的各种体验和情感准确而细腻地表达出来，充分利用音乐对人物内心加以刻画，可以使节目中的人物形象更加丰满，成为有血有肉、有感情的人物，大大提升作品的艺术感染力。同时，音乐还具有一定的描绘功能，可以使音乐与情节相互交融而更加感人。由于音乐自身的艺术特性，节目中各个段落运用的音乐情绪不同，可以造成整部作品的变化和起伏，增加节目戏剧性，激发人们的联想，调动听众的情绪。

获得第五届中国广播文艺奖音乐节目一等奖的《留

得华韵播环宇》，是纪念我国民族音乐家彭修文先生的音乐专题节目。这部贯穿音乐家生活和感情经历的作品，把介绍人物命运与欣赏音乐作品和谐有机地结合起来，让人们在了解音乐名人的不凡经历中，加深对音乐作品意蕴的理解。这是一部令人感动、催人泪下的作品。作者运用巧妙的构思、合理的布局、感人的音乐，将这位一生为我国民族管弦乐发展和振兴而奋斗的音乐家故事，一幕幕呈现在听众面前。

获得第八届中国广播文艺奖音乐节目一等奖的《世纪之约》，记录了世界小提琴大师斯特恩和我国交响乐之父李德伦20年后重逢合作演出的动人场景。他们在1979年的首次合作已经被纪录片《从毛泽东到莫扎特》永远地记录下来，并向世人展示了打开国门的中国形象。在《世纪之约》节目中，音乐的成功运用让听众沉浸在一种历史的深沉情感之中，同时也让听众感受到穿越时空而来的沧桑和凝重。这部作品处理得十分精致、细腻，音乐的主题和代表特定形象的音乐素材都能够在恰如其分的位置上托出，完整地陈述，又自然地退下。音乐随语言起伏升落，和谐统一，水乳交融，是一部非常成功的作品。

交响乐是由管弦乐队演奏的大型器乐曲，结构宏大，意蕴深广，是音乐的最高形式，它蕴含着社会生活和人类思想的丰富内容，有着巨大的戏剧性和感人魅力。 获得第十一届中国广播文艺奖音乐节目一等奖的专题《巡天遥看一千河》，成功地运用了交响乐的形式，描绘和延伸了中国"神州五号"载人航天飞船发射成功这一重大题材。作品用音乐深化思想内涵，描绘出一幅幅感天动地的壮丽画卷，气势宏大，震撼心灵，向世人展示了中国人探索太空中所蕴含的伟大民族精神。"神

州五号"载人航天飞船发射成功本来是一个重大的新闻事件，但主创人员用专题音乐节目的形式把这部作品描绘得有血有肉，感天动地，如果没有深厚的音乐底蕴，没有多年来对广播音乐的探索，是不可能做到的。

做好专题音乐节目的前提和基础是，编创者自己必须懂得音乐，具备深厚的专业知识，了解中外音乐发展史，最好还具备一定的音乐创作、演奏、演唱、编配、指挥等多方面的理论与实践经验，同时具有较高的鉴赏、诠释和评价能力，才能真正驾驭和创作出优秀的音乐广播节目。俗话说："功夫愈深，悟性愈高。"上述获奖作品无论在节目中使用西洋交响乐还是民族管弦乐，都需要有深厚的音乐修养。这些作品的主创人员有的从小学习小提琴，有的从小学习二胡，

《大英博物馆》2010年在英国转播音乐会时拍摄

75

有的是音乐院校声乐专业毕业，还有的指挥过管弦乐队。他们都接受过严格的音乐训练，都具备了优秀《专题音乐节目》编辑应具有的专业条件，为创作出优秀作品打下了坚实的基础。

二、要懂得广播音乐的特点

广播音乐是广播与音乐的结合，是伴随着现代广播科技的发展而发展起来的。作为广播事业的一个重要组成部分，广播音乐在当前文化传播系统中处于一个非常特殊的位置。广播音乐借助于广播媒体覆盖面大、受众面广的优势，成为了传播音乐并为大众精神文化生活服务的一种最直接、最有效的手段。可以说"广播和音乐是最亲密的兄弟"。

北京音乐广播在全国性评奖中获奖的作品正是遵循了广播音乐的特点而获得成功的。

2004年获得中国广播影视大奖的音乐节目《思想起》，在节目最后有这样一段文字："在我书房的墙上挂着一首诗，它是辛亥革命老人、国民党元老于右任先生临终前写下的哀歌：葬我于高山上兮，望我大陆；大陆不可

见兮，惟有恸哭！葬我于高山上兮，望我家乡；家乡不可见兮，不能相望！山苍苍，野茫茫，山之上，国之殇。"

这段文字在制作节目时，曾经准备了好几段音乐，但最终选定了一首气势宏大、催人泪下的交响曲。这首具有伤感旋律的乐曲在节目中高潮迭起，引发了人们的联想和深思，具有强烈的艺术感染力，达到了"诗中有乐，乐中有诗"的意境。

广播对音乐来说是贡献最大的。在当今社会，广播与音乐完全是一种相互依赖、共同发展的关系。在现代音乐生活中，广播极大地丰富了人们的音乐生活，使一些优秀的音乐作品以很快捷的方式走进了千家万户。因此，要懂得广播音乐的特点和规律非常重要。

获得第九届中国广播文艺奖音乐节目一等奖的节目《侗乡随想》，就是根据北京音乐广播采风小组到贵州侗族居住的边远山区采集到的侗族大歌编辑而成的。古老的侗族大歌有着悠久的历史，凝聚着侗族儿女的智慧和才干。侗族大歌在中国文化大家庭中一枝独秀，具有自己独特的个性和魅力，而侗族大歌的传唱与保留

2012年在美国歌星猫王（Elvis Presley）故居荣誉展厅

《美国歌星猫王故居》2012年拍摄于美国田纳西州孟菲斯市优雅园

更显示出侗族文化得天独厚的神韵。节目中运用了各种音响和优美的音乐，营造了浓重的意境和氛围，展现出独具魅力的侗家风情，让人感到侗寨的悠远深邃，树木葱茏，泉水叮咚，显现出山寨的勃勃生机。通过一首首优美的侗族民歌，透出一派祥和与安宁。这些优美的音乐和音响使侗族人、侗族村寨、侗族民歌、侗家生活融为一体，展现了侗族大歌浑然天成的艺术魅力，给人以美感和冲击力。

广播音乐节目一切编辑手法的结果是要对听众造成听觉上的刺激和感染，所以在节目中把音乐、音响要发挥到极致，创造一切听觉上的可能性。

获得第十届中国广播文艺奖音乐节目创新奖的节目《生命因音乐而精彩》，描述了第四届北京国际音乐节真实的一幕。指挥家大贺典雄正在舞台上指挥《柴科夫斯基第五交响乐》，因心脏病突然发作，倒在了指挥台上。节目主创人员录下了这最真实的音响。当时，指挥家余隆接替大贺典雄，从音乐中断的地方完整地演奏完柴科夫斯基的交响乐。作者抓住这一可遇不可

求的题材，在制作节目时，音乐、音响发挥得淋漓尽致，真实感人，突出了广播音乐独有的特点。

获得第十一届中国广播文艺奖音乐节目一等奖的专题音乐节目《巡天遥看一千河》，在节目形式上采用交响音画与新闻事实相结合的手法，音乐气势恢宏。当神州五号升天时，采用了非常逼真的音响，让人有一种身临其境的感觉，"放射出不可言喻的感化"，令人感受到一种崇高而壮丽的情怀，具有强烈的情感冲击力，其中一些描绘太空的音乐令人心潮澎湃，使人产生一种画面感。

在我们生活的世界里有各种各样的声音，人的听觉系统对音响可以产生种种的感觉。北京音乐广播在全国获大奖的节目《侗乡随想》、《生命因音乐而精彩》、《巡天遥看一千河》都非常成功而巧妙地运用了音响。这些音响和音乐、语言结合成有机的整体，成功地调动了听众的情绪，从而加深了对作品的理解。

广播音乐具有现代文化的特性，同时，广播音乐是一种有声文化的载体，具有大众文化传媒的特性。

广播无国界，音乐被称为"世界语言"。广播音乐直接与全人类相通，要想做好专题音乐节目，必须弄通、弄懂广播音乐的特点。

三、艺术就是感情

罗丹说得好："艺术就是感情。"在专题音乐节目中，当语言无法表达感情的深度和广度的时候，音乐就起了决定性的作用。音乐可以是语意的延伸、人物感情的深化，也是感染听众的桥梁。

《专题音乐节目》要想做到感动听众，甚至催人泪下，确实也不是一件容易的事。但是，当节目内容深深地打动听众，你一定不会忘记节目中的一些细节。这样的节目会净化人们的心灵，使人们的精神境界得到升华。

获得第八届中国广播文艺奖音乐节目一等奖的音乐节目《世纪之约》中就有一处非常动人的细节：在医院中的李德伦已经卧病在床两个月了，他是靠打点滴来维持生命。当世界上最伟大的小提琴家斯特恩来华和他同台演出时，用李德伦的话来说："这是我们的世纪之约，我们将再现20年前的精彩时刻。"在音乐会上，年过八旬的李德伦抱病坐着轮椅被推上指挥台，与斯特恩联袂演出莫扎特的《第三小提琴协奏曲》。舞台上美好的音乐和大师的心声融为一体，令人感动。作品中是这样描述的："回到后台，李德伦不顾劳累，坚持要去向斯特恩表示祝贺。斯特恩看到一头汗水的李德伦，心里一酸，两人又紧紧地拥抱在一起。斯特恩老泪纵横，不断地叮嘱李德伦要保重身体。在一边的我真的忍不住了，泪水顺着采访机流下来。我看到我身边的许多摄影记者都是在一边流泪一边拍摄，端着摄像机和摄影机的手都在颤抖，那个场面使我终生难忘。"这时，

一首委婉而深沉的小提琴协奏曲伴随着语言延伸出来，达到了感人至深的境界，令人动容。

音乐是人类心灵自在的产物和直接的表现，就其本身来说是一种动态艺术。音乐通过它的各种表现手段能够真切地传达人的喜怒哀乐各种情绪，以及各种性格。音乐的作用是多样的，不仅可以感染情绪，而且对作品的进一步发展、主题的深化、人物内心的刻画、作品的风格等都起到了非常重要的作用。

获得第十一届中国广播文艺奖音乐节目一等奖的节目《巡天遥看一千河》的感人之处是音乐、音响成功的运用，但最令人感动的是我们深入到酒泉卫星发射中心采访到了原中心主任刘明山将军。他的妻子——原基地科学家潘仁瑾在卫星发射前患癌症永远地离开了人世。采访中他说到这时，老将军泪流满面，一边哭，一边说，当他说到"老天爷呀，这太不公平了，我女儿说我妈妈这么好的人，她怎么会死呢？……"在节目中我们是这样处理的：一开始用忧伤的音乐逐渐进入高潮，最后让音乐来延伸，用音乐来说话，令人感动，令人回味，用事实来证明为了我国的航天事业，那些逝去的英雄所做出的可歌可泣的感人事迹。

这部作品将音乐与新闻水乳交融地糅在一起，寓情于音乐，寓情于新闻，寓情于细节，用音乐带动故事的发展，用感人的细节营造出一种意境，使作品蕴含着深邃的内涵，所以说情感细节的表现力、冲击力是其他艺术表现手法很难比拟的。主创人员精心地抓到了这些细节，找到了动情点，延伸和拓展了《专题音乐节目》的内容，起到了四两拨千斤的艺术功效。

听众在欣赏这部重大题材的音乐专题时，能体味到作品所赋予的审美享受和强烈的艺术感染力。《巡

天遥看一千河》是一部集思想性、艺术性、欣赏性于一体的音乐专题节目。这部作品以强烈的情感冲击力感动着听众，感动着评委，也感动着创作这部作品的主创人员。

2004年获得中国广播影视大奖的节目《思想起》，描写了一位背井离乡的台湾人的真实故事。这部作品的成功在于它并不是一种简单的介绍和欣赏，而是通过台湾民谣和情感两条线去发展、延伸。

这部作品在听觉艺术中创造视觉的画面感，把语言、音乐、音响巧妙地融合在一起，使内容环环相扣，主题层层递进。作品中每段采访都有独到之处，生动地反映了人物的内心世界，特别是对福建省莆田湄洲岛寨下村陈金蓝的采访，用他一家真实的遭遇讲述了海峡两岸隔绝五十年来亲人分离的历史缩影。当他说到"这一碗是给我爸爸吃的，我的祖母年年都是这样，祖父祖母在临终时眼睛都不能闭啊……"这段痛苦的回忆用伤感的乐曲引出，乐曲随着发展掀起两次高潮，撞击着听众的心灵，使这段精彩的采访得到了升华。

音乐在渲染气氛，抒发感情，刻画人物形象，着重揭示人物内心深处的情感方面是其他艺术形式所不能替代的。人物内心深处的感情是最隐蔽的，有时用语言很难充分地表达出来，但是音乐可以把人们内心世界的各种体验和情感准确而细腻地表达出来。

《思想起》这部作品以情感人，没有生硬的说教，"含不尽之意于言外"。语言、音乐、音响恰到好处，让听众产生共鸣，给听众以丰富的想象空间。虽然作品从始至终没有一个"统一"的字眼，但这些有血有肉的情节有力地证实了台湾是中国不可分割的一部分这一事实。这部作品有浓厚的广播特色，非常有艺术感染力，这也是这部作品的成功所在。

综上所述，《专题音乐节目》是一种独具魅力的音乐节目形式，也是各级广播文艺类评奖中一个非常重要的奖项。《专题音乐节目》应该有艺术性、思想性和欣赏性，它应对节目的思想价值与文化底蕴进行深入的开掘与透视，从中揭示出更深的思想与文化内涵。它不只是让听众欣赏音乐，而是要使听众从中得到知识，得到思想的启迪和美的享受。

《军校风光》2013年拍摄于美国西点军校

神奇的西藏音乐

冯　健

西藏是离太阳最近的土地，天青云白，冰峰伫立，神秘圣洁，纯净的冰雪孕育出同样质地的西藏音乐。在水晶般的雪山银峰环绕的西藏，在勤劳勇敢、能歌善舞的藏族人民中间，民族音乐种类繁多，蕴藏丰富。

我们北京音乐广播采风小组到这片神秘的土地进行了采风，了解了西藏音乐多姿多彩的神韵。

一、西藏的民歌

音乐艺术源于生活，由于生活环境、生产条件、风俗语言以及民族欣赏习惯的不同，音乐的民族特色也就特别鲜明。西藏的民歌语言朴素洗练，旋律清新通俗，形象生动鲜明。西藏的民歌包括山歌、劳动歌、风俗歌、情歌、嘛呢歌等。山歌高亢悠长、自由跌宕，犹如巍峨绵延的群峰。劳动歌反映了藏民乐观开朗的精神，他们几乎在各种劳动中都要唱特定的劳动歌曲，善于把艰苦单调的劳动变成有趣的群体歌舞。

我们北京音乐广播采风小组在拉萨采访到了我国著名歌唱家才旦卓玛，从她的采访和演唱中我们感受到了西藏音乐的神奇魅力。

西藏人民对音乐家可以说非常崇拜。西藏著名佛宗大师、音乐理论家萨迦班智达·贡噶坚赞曾经说过："懂得音乐的人与众不同，众人对他如群星捧月。聚会时音乐能去除悲伤，因此人人都赞美音乐。"

西藏在极其特殊的自然环境和历史条件下所产生的民歌，直至现在都保持着一种极为原始的状态。

北京音乐广播采风小组在采访《天路》的原唱巴桑时，她给我们演唱了许多首藏族的民歌。

西藏的民歌经过漫长的历史发展和本身的演变，依然具有可诵、可唱并能歌伴舞的特点，所以，人们往往一谈到民歌，便容易牵连到音乐和舞蹈方面。事实上，西藏民歌与音乐、舞蹈是有很大区别的，按其结构和表达形式分为"鲁"和"谐"两大类。

"鲁体"民歌又分为"拉鲁"山歌和"卓鲁"牧歌。西藏的佛教经文"措鲁"也近似于"鲁体"民歌。"鲁体"民歌一般句数不等，有三五六句，多至十余句。这种民歌形式的应用早在8世纪的时候就有文字记载，可以说是西藏民歌中最早的一种类型。

"谐体"民歌品种较多，从地区划分，"堆谐"流行于雅鲁藏布江上游地区，"康谐"流行于昌都以东的藏区。从内容与形式来分，"谐青"颂歌专在仪式、典礼上唱，堪称西藏歌舞之最，是史诗般的大型民间歌舞艺术。无论是它的内容，还是表演规模、古色古香的服装道具等，在西藏传统歌舞艺术中都是无与伦比的。

西藏各地谐青的内容大同小异，但音乐的旋律却千差万别，各具特色。西藏的民歌绝大部分都绘声绘色，使人如闻其声，如临其境。它用优美的旋律、洗练的歌词，深入浅出地描绘出神秘的高原生活和活灵活现的艺术形象。西藏民歌是西藏人民几千年来的文化积淀，它是一座民族文化的大宝藏，永远闪耀着夺目的光辉。

二、西藏的婚礼音乐

藏语"充谐"就是婚礼音乐，它在西藏各地虽有各种不同的名称，但其基本含义都是相同的。西藏各地的婚礼音乐内容都大同小异，但音乐的旋律却相差较大。

婚礼音乐的内容和藏族各种古老的传统音乐一样，都在不同程度上受到了宗教思想的影响。婚礼中有一项仪式，是以新郎新娘为首的所有参加婚礼的人，在一咒师的带领下在楼顶举行，插五色风幡祭祀神灵。

在举行婚礼之前，婚礼的日期由男女双方家长协商确定，双方家庭各自邀请叫做"向钦"的仪式主持人，他们分别主持各种仪式，因此他们必须能歌善舞，并具备掌握整个婚礼仪式程序的能力。

婚礼音乐中的歌舞曲数量众多，在整个表演中起着十分重要的作用。它和一般藏族传统歌舞一样，都有一段慢板与一段快板，但它的独特之处是慢板段只唱不舞，而快板段则是只舞不唱。

由于充谐音乐具有与众不同的豪迈气势和吉祥高雅的内容与风格特色，成为西藏最大的仪式性歌舞。在西藏，每当人们举行结婚典礼时，为了加强典礼的盛大隆重气氛，各地都一直借用本地传统充谐音乐中的唱段，这在西藏已成为普遍的现象。

三、西藏的宗教音乐

在西藏，藏传佛教各派的音乐是基本相近的。大体而言，可分为诵经音乐和器乐两类。诵经音乐是在念经时颂唱的。我们北京音乐广播采风小组在拉萨的布达拉宫和日喀则的扎什伦布寺就看到过这种场面。

宗教器乐用于宗教节日、仪式、羌姆（跳神）表演中，宗教乐器除了合奏外，也有独奏，主要是唢呐独奏。唢呐的音律与众不同，既非平均律、纯律、五度相生律，又非其他少数民族的特殊音律。

我曾听过一部藏族器乐组曲《雪域大法会》，被乐曲独特的风格、新奇的演奏手法和多变的音响、不规则的节奏所吸引。

这首乐曲一下就能把人带到高原宁静的拂晓，皑皑的雪山、清清的流水、寺庙的威严、节日的欢乐，在人们的脑海中浮现出一幅幅流动的画、抒情的诗。乐曲的成功之处是巧妙地把藏族的寺庙及流传在民间的音乐有机地融合在一起，使人感到这部作品是一部传统与现代相结合的成功之作。

乐曲一开始，表现了法会的庄严辩论活动，随后展开辉煌的酥油灯节、驱逐邪恶的打鬼活动等场景，让听众产生身临其境的现场感，引人入胜。充满浪漫色彩的迎请未来佛，是乐曲的高潮，表现了藏族人民对美好未来的憧憬，祈求未来佛早日降福人类；清脆的风铃声、浑厚的镲声、锣声组合巧妙，使人产生清晰、朦胧、真实、虚幻的感觉，仿佛是在雪域高原涌起一轮吉祥幸福的光环，七彩云载着人们的心愿、载着众僧侣的祈祷升上九天，描绘出一个纯净神圣、祥和太平的景象。

四、西藏的歌舞

西藏高原幅员辽阔，居住在这里的藏族人民能歌善舞，虽然同属一个民族，信仰同样的宗教，使用相同的语言文字，但是由于各地风俗习惯和方言土语不同，歌舞艺术存在着不同的风格和特色。

民族艺术的风格和特色是各民族在长期的艺术实

2006年到西藏采风

践中孕育而成的，这是由于每个民族的社会结构、经济生活、宗教信仰、风俗习惯和艺术传统，特别是共同心理状态和审美观点等因素决定的。

我们北京音乐广播采风小组在拉萨观看了一台由西藏自治区歌舞团、西藏军区歌舞团等单位演出的大型歌舞节目，对西藏的歌舞艺术也有了进一步的了解。

在西藏，人们围成圆圈的歌舞被称为"果尔谐"，这也是藏族民间歌舞艺术所具有的基本表演形式。在西藏，凡是有人群的地方必有果尔谐。

果尔谐歌舞形成于雅隆部落文化时期。果尔谐扎根在广大民众之中，受到人们的喜爱，而且具有永恒的生命力。直到如今，它仍是农村、牧区广大人民群众喜闻乐见的传统歌舞艺术之一。

果尔谐歌舞能够真实地表现人们对现实生活的感受，能够深刻地表达人们美好的理想和真诚的愿望。这种歌舞使用最通俗最朴实的语言，用最纯洁最真实的感情赞美美丽的家乡，歌唱取之不尽、用之不竭的物产资源，赞颂勤劳智慧的人民，歌唱纯

洁的爱情和美好的理想，以及唱不完的衣食住行和说不完的风土人情等。总之，这种歌舞包罗万象，应有尽有。

果尔谐歌舞艺术大都不使用乐器伴奏而是自唱自舞，因为各地的自然环境和风俗习惯的不同，各地果尔谐歌舞的音乐旋律都具有极其强烈的地方风格，但音乐旋律的应用和发展手法上又有共同点。

在西藏还有一种歌舞艺术叫"弦子舞"，是一种集歌、舞、乐为一体的综合性艺术。这种歌舞曲调繁多，舞步多变，时而集中，时而散开，且歌且舞，变化无穷。舞姿刚柔兼备，优美舒展。男子重在舞靴、跺脚，显示豪放粗犷的男性美；女性突出舞动长袖，给人以轻柔舒展的感觉。

还有一种歌舞叫傩歌舞"吉达"，这种歌舞艺术藏语全称叫做"吉达吉母"，也就是"父亲和母亲"，简称"吉达"，表现的是家庭成员在父亲和母亲的带领下驱魔，因而得此名称。表演时父亲面带白色面具，母亲带绿色面具，还有四名不带面具的阿叔和四名带

2006年冯健和歌唱家才旦卓玛、巴桑

2006年在西藏日喀则扎什伦布寺

山羊皮面具的喜剧演员，在鼓钹的伴奏下，手持牛尾、羚羊角、大刀、刀箭等，载歌载舞。

从"吉达"音乐的调式和结构等可以看出西藏民间音乐当时所具有的基本特点。结构是组织艺术内容和语言、构成艺术形象和意境从而形成艺术作品的重要手段。这种歌舞也表现了藏族人民在困难面前不屈不挠、英勇顽强的斗争精神。

五、文成公主与西藏音乐

藏王松赞干布是西藏历史上最有成就的领袖之一，他为了本民族的稳定发展，西与尼泊尔公主联姻，东与唐文成公主联姻。这种联姻，对形成独特的藏族文化产生了重要的作用和影响。

我们采风小组在西藏听到了许多关于文成公主的传说和故事。各种史料以及众多的民间音乐都记载了文成公主辅佐松赞干布为西藏的安定繁荣所建立的功绩。为此，藏族人民利用各种文化艺术形式歌颂她、赞美她。

在民间传说故事中，有歌颂文成公主高尚品格的，有反映她智慧超人的，也有赞美她善良心灵的。歌唱文成公主的音乐在西藏各地都有，它们仿佛是一串串洒落在辽阔大地上闪烁的珍珠，这些充满情感的曲调和真诚朴实的唱词，表现了当年人们为迎接文成公主

而举行的一个个隆重的活动场面。

西藏的羌塘草原是西藏最大的牧区。文成公主来到西藏后，为人民群众做出了巨大贡献，感动了这里的牧民，因此每天人们放牧时，就唱起一首首具有浓郁酥油风味颂扬文成公主的山歌。

后藏的日喀则是制造民族手工产品的城镇之一，这里的藏民特别崇敬文成公主，流传着众多歌唱文成公主的歌曲。

山南地区是文成公主长期居住过的地方，因而世世代代在此生活的人们对她有着特殊的感情。每当人们过年过节的时候，到处都响起歌唱文成公主的果尔谐歌舞。

西藏东昌都地区的人们不仅能歌善舞，而且特别爱美，喜欢装饰，因此这里的服饰文化丰富多彩。如果有人要问这些服饰的来源时，人们就会唱一首首文成公主教她们制作服饰的歌。

这些歌颂文成公主的歌曲具有浓厚的地域风格，音乐结构完整，旋律优美，动人心弦。在那些悠扬深情的歌声中，人们仿佛看到了美丽善良的文成公主，同时又能体会到人们陶醉在幸福自豪的情感之中。这些音乐使人们能够了解到文成公主与西藏民间音乐的紧密关系。

难忘的萨尔斯堡国际音乐节

冯　健

在纪念改革开放三十年之际，作为一名在北京人民广播电台工作了二十五年的现任首席编辑，亲眼目睹了电台发生的巨大变化，百感交集，思绪万千。最让我难以忘怀的一件事，就是在 1999 年 8 月 29 日，北京音乐广播成功地转播了奥地利萨尔斯堡国际音乐节。这次历史性的转播由我策划、编辑、主持，作为当时的直接参与者，至今回想起来仍激动不已。

一、 大胆的决策

音乐被称为"世界语言"，广播音乐直接与全人类相通。当代多元文化的发展和多媒体高度系统化的信息传递，使广播音乐进入大市场、大竞争、求生存、求发展的状态，广播音乐只有兼容并蓄、办出特色，才能适应和进入这种状态。

改革开放以来，北京已经逐渐成为国际文化大都市，不但拥有一大批文化鉴赏力在不断提高的市民，更拥有不计其数的音乐爱好者。一直致力于首都音乐文化建设的北京音乐广播，在不断提高自身节目质量，尽量向"精"和"广"发展的同时，也开始注重放眼世界，向广大听众介绍人类优秀音乐成果，主动参与当今世界重大的音乐文化活动，努力使北京和其他国际大都市一样，同世界重大音乐文化生活同步。

萨尔斯堡国际音乐节在古典音乐爱好者们的心目中具有崇高的地位。此前，中国的广播、电视从未现场转播过。北京音乐广播历史性地派出转播小组，专

1. 1999 年在奥地利萨尔斯堡
2. 在奥地利维也纳约翰·斯特劳斯像前
3. 《音乐学院的学生》拍摄于奥地利
4. 冯健和音乐台刘菁、陈小斌到奥地利萨尔斯堡转播音乐会

程赴奥地利转播萨尔斯堡国际音乐节，这一决策显示了我台大胆进取的意识和魄力。这次转播不但填补了中国广播史上的一项空白，而且在国内外引起轰动，使北京这座古老与现代文明交相辉映的国际大都市，开启一个与世界顶级古典音乐活动同步的时空。借助于高新科技手段成功地直播，不仅在大众媒介多元纷呈竞争激烈的态势下，发挥了广播的传统优势和潜力，再现了广播的风采和魅力，而且以特有的深度和节奏，为受众带来现场感极强的艺术享受，对弘扬高雅艺术、提高受众的审美水平、扩大中国广播在世界的影响，起到十分积极的作用。

二、 艰苦的努力

开展国际音乐节的现场转播，在中国广播界史无前例。开始提出这个想法时，我们不知道如何下手，心中毫无把握。我们和萨尔斯堡音乐节组委会没有一

点儿关系，不知和谁联系。幸亏有了互联网，我们查出了萨尔斯堡音乐节组委会的网址，我把我们的想法通过 E-mail 发了过去。组委会很快有了回音，告诉我萨尔斯堡音乐节的广播、电视转播权已全权委托给奥地利国家广播公司，你们可直接和他们联系，并十分认真地把奥地利国家广播公司负责人的姓名、地址以及传真号附在回信之中。我马上又给奥地利国家广播公司 (ORF) 的国际部主任维高女士发去传真。几天后，维高女士回函表示，欢迎北京音乐广播前来转播萨尔斯堡国际音乐节，但有许多技术问题还需进一步磋商。

由于两国之间的文化背景和处理问题的思维方式不同，又赶上欧洲当时正值假期，联系沟通工作非常困难。为了尽快促成此事，我冒昧地向我国驻奥地利大使馆文化处发了一份传真，请求他们给予协助。使馆文化处负责人（参赞）欧听涛先生很快答复，说他

们非常支持这件事情，需要做什么工作他们可以直接和奥地利国家广播公司联系。果然，使馆出面使奥地利国家广播公司对这件事更加重视，沟通工作顺利展开。

不久，我们又碰到了一个十分棘手的严重问题：奥地利和中国之间没有ISDN传送协议！对方明确表示，对外转播就是靠ISDN来传送，如果没有协议，所有计划都不可能实现！

突如其来的情况给了我们当头一棒，令人不知所措。好在奥方也在积极想解决的办法，几天后又来电话，说他们和欧洲广播联盟已商量好，可以通过他们来传送。这是一个比较复杂的传播途径，必须通过光缆先从奥地利北部的萨尔斯堡传到东北部的首都维也纳，再从维也纳通过欧洲二号卫星传到日内瓦欧洲广播联盟，再从欧洲广播联盟通过ISDN传到北京音乐广播的直播室。这种事情谁也没有干过，只是一种设想，不知效果如何。也许是我们的真诚打动了奥地利国家广播公司，也打动了欧洲广播联盟的负责人，通过他们的努力，这些技术问题最终得以解决。

我们北京音乐广播转播小组8月26日离开北京，到维也纳的第二天，我们就拜会了奥地利国家广播公司负责人。克里斯汀娜·维高女士见到我们非常高兴，说这次北京音乐广播到萨尔斯堡音乐节转播虽然费了很多周折，但终于成功了。她说："欧洲广播联盟对这次转播非常重视，也非常感兴趣。因为原来他们大部分转播都是在欧洲范围内，可以说全世界除了欧洲，你们北京音乐广播是第一家进行实况转播的电台。"

这次北京音乐广播转播，通过光缆、卫星，又通过ISDN，技术上比原来复杂得多，我们都闯了过来；其中更大的意义在于，我们和国际间的合作又迈出了重要的一步。

转播开始，当我和主持人刘菁清楚地听到北京的听众那种热情参与的气氛时，心情十分激动。可以说这是中国、奥地利、欧洲广播联盟的广播工作者经过几个月的辛苦合作，通过高科技手段实现的丰硕成果。

闭幕式上演的是马勒的《第二交响曲》，由奥地利维也纳爱乐乐团演奏，世界著名指挥大师西蒙·拉特尔指挥，演出相当精彩。演出结束时，我讲了我在现场所见所闻的一些感想，北京的听众和我们直接通上了话，他们那种参与的热情以及对作品的深刻理解，使我们深为感动。据当时在台里的同事说，传到北京的声音比从国内转播的效果还要好，那天正好是星期六，北京市许多听众都聆听了这场从相隔数万里的地方直播过来的高水平的音乐会，据说有很多人在汽车里听着听着干脆把车开到路边儿去仔细欣赏，因为这种形式的音乐会在中国从来都没有过。

三、 良好的效果

中央人民广播电台在我回国的第二天对我进行采访，他们说："这次转播，无论从哪个方面都可以说是广播史上的一件大事，因为在这之前，广播的实况转播从来没有这么复杂，动用了这么多国家的技术力量、这么多的高科技手段，确实可以称为是北京音乐广播在国际间的一次非常成功的合作！"

我想，如果没有我们国家改革开放多年来的成果，这些事只能是空想，但现在就可以成为现实。

我们北京音乐广播的这次活动，也得到了奥地利国家广播公司和欧洲广播联盟极高的评价。

我国驻奥地利使馆文化处参赞欧听涛先生，1999年9月带领奥地利萨尔斯堡管乐团来中国参加大连管乐节，他跟我说："在你们转播奥地利萨尔斯堡音乐节的时候，奥地利国家电视台当天晚上就在新闻节目中报道了北京音乐广播在萨尔斯堡转播音乐节的情况，称除了欧洲国家互相转播音乐节，在历史上亚洲的广播电台转播萨尔斯堡音乐节这是第一次，而且又是世界上人口最多的中华人民共和国的首都北京，通过光缆、欧洲2号卫星、ISDN把美妙的音乐送到中国人民的广播节目中。"他还告诉我，当时他们还接到奥地利国家新闻社发给奥地利、欧洲各大新闻媒体及各国驻奥地利大使馆文化处关于北京音乐广播转播萨尔斯堡音乐节的新闻通稿。听到这个消息我非常激动，没想到这次转播在国外会有这么大的反响。

通过这次现场转播，使我对直播有了新的认识：首先，它可以加快时效，刚刚发生和正在发生的事情就可在现场通过热线电话或发射设备直播出去，达到同步，这次萨尔斯堡音乐节的现场直播就达到了这种理想的效果；其次，它可以缩短空间距离，国外的音乐会可以直接播出，相隔万里的主持人和听众可以通过热线电话在广播中交谈，给听众参与提供了机会，大缩短了心理距离，使广播充满了生活气息和交流感，如果不搞现场直播，广播虽然占有空间却无法使人感到近在咫尺。

音乐是直通人心的艺术，音乐也是与人们最为贴近的艺术，无论何时，广播都是传播音乐的最重要渠道之一。音乐广播人作为传播音乐的使者，只有投入真正的热情，只有不懈地寻求最贴近人们的传播方式，只有不倦地对现状和未来思考，才能使广播音乐节目拥有经久不衰的艺术魅力和温暖的亲和力，才能真正将音乐的种子撒向人们的心田。

转眼间，萨尔斯堡转播已经快十年了，往事总被形容为过眼云烟，但这件事情却轮廓清晰，历历在目。这次转播不但让我学到许多新的知识，开阔了眼界，为首都的听众传播了世界的优秀音乐文化；同时也为北京、为中国扩大了影响，赢得了荣誉，从一个侧面反映出中国改革开放带来的变化，中国广播事业的迅猛发展，中国国际地位的不断提高。

《古城堡》2006年拍摄于匈牙利布达佩斯

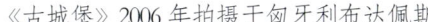

2006 年冯健为制作《音乐的宣言》到哈尔滨采访 731 纪念馆馆长王鹏

获奖节目《音乐的宣言》评析

冯　　健

由北京音乐广播选送的专题音乐广播节目《音乐的宣言》，获得 2006 年、2007 年度中国广播影视大奖（中国广播影视大奖两年评比一次）。北京音乐广播已连续六届获得中国广播界音乐节目国家级最高奖。

《专题音乐节目》是一种高水平的综合艺术再创造，不仅要有高度的艺术性，而且有很强的广播音乐独特的要求。这部作品立意高远，大气磅礴，思想性和音乐性的巧妙融合更让节目的主题思想得以升华。

一、题材新颖、主题深刻、手法巧妙

创新是广播精品创作的灵魂。"新"不仅体现出内容上有新的信息、新的思想内涵与深度，而且体现在形式上有新的表现手法，新的节目形式。怎样才能使节目有新意，首先是题材创新，就是努力发掘新题材，选择新角度，给人新鲜感，使人产生一种乐意听，非听下去不可的欲望。

专题音乐节目《音乐的宣言》，记述的是在 2005 年纪念世界反法西斯战争胜利六十周年之际，日本民间一些痛恨战争、热爱和平的善良日本人自发组织的混声合唱团，在北京音乐厅演出的一场音乐会《恶魔的饱餐》，以及相关的活动。组织者希望通过演唱和活动，揭露日本 731 部队在中国犯下的滔天罪行，并向中国人民表示道歉。他们的演唱震撼了全场观众，也震撼了我们。

北京音乐广播主创人员观看之后，认为这是一个值得深入挖掘、具有深刻思想内涵的好题材，于是连日跟踪采访了日本合唱团的所有活动,采访后又经过认真构思和策划,创作了专题音乐节目《音乐的宣言》。

人们收听广播的习惯绝大多数是在被动状态下收听的,能否在节目开始的几分钟内"抓住听众的耳朵"是作品成败的关键。因此,一部好的《专题音乐节目》应当把最重要、最精彩的内容放在前面,开篇让人有一种身临其境的感受,就会大大增强作品的震撼力,使听众产生一种追根溯源的急迫热情与渴望。

这部专题巧妙地运用了意识流的手法,从音乐会上引发万千思绪。节目的开头:"音乐是人类最富情感的艺术语言,它发出的正义宣言跨越时空,让人浮想联翩",接下来日本混声合唱团唱出:"哈尔滨郊外二十公里,空旷原野围出的平房,六平方公里人间地狱,731部队里发生了什么?"让人思绪回到现场,使整个节目线索清晰,听众的注意力更为集中,起到提领全篇的作用。

在节目中有一段描写平顶山纪念馆的文字:"让人惨不忍睹的是,一具怀着胎儿的母亲骨骼,依稀可见当时那小生命在母亲的腹中挣扎的惨状,在这具孕妇的尸骨旁,竟还有一个襁褓中婴儿的遗骨。一个手无寸铁的中国妇女,一个出生不久的小生命和日本人无冤无仇啊,却遭到了残暴的屠杀!"这些极为朴实的语言,通过音乐的渲染,创造了想象的空间,直击人们心灵,令人震撼,深化了主题,深刻揭露了日本侵略者给中华民族造成的痛苦与灾难。

为了做好这部专题,主创人员以饱满的热情,进行了深入地采访,获得了感人至深、表现力极强的珍贵素材。例如,日本京都大学教授加藤利三先生看完展览感到无比震惊,手捧着鲜花泪流满面地说:"我要代表我们的先人为我们的罪行表示深深的歉意!"

然后他工工整整写下了"前事不忘、后事之师"八个字。这里没有华丽的词语,纪实的手法、朴素的言语、真实的情感、感人的情节,反映了血腥残酷的史实和有血有肉的内心世界,产生了感人的效果。

二、发挥音乐特性,拓展想象空间

音乐是情绪、意境、情感的艺术,是一种独特的语言。广播音乐界的同仁们在制作节目时经常说:"要让音乐说话。"借助音乐语言,能够准确表达各种不同的内心情感,深化作品的主题。因此,音乐不是一个节目的附加物,不是可有可无的点缀,而是非常重要的有机组成部分,能够大大丰富和拓展听觉的想象空间。

《音乐的宣言》中有这样一段情节:1995年和1996年,当年的日本731部队队员三尾丰专程来到中国,长久地跪倒在王亦兵的面前谢罪和忏悔。他说:"是我亲手把你父亲送进了731部队,我把你们一个好端端的家庭毁掉了!"万分痛苦和矛盾的王亦兵,以一个中国人的博大胸怀接受了三尾丰的道歉。他说:"恨罪不恨人,记史不记仇。"听了老人的讲述,我的心在震颤,我为这位普通中国老人的宽容留下了激动的泪水。这时,一首撼动心灵的管弦乐曲响起,激起人们深藏着的感情,给人以丰富的想象空间,形成了节目的一个高潮。

音乐能引起丰富的心灵感受,并透过思维的联想得到更丰富的体验。所以,音乐作为素材与形式要素,虽不像语言那样可以表述明确的意义,但是它却有特殊的表情、表意作用,这就是它的情感特性。在《专题音乐节目》中发挥音乐的表现力、感染力,能起到深化主题的作用,使听众进入丰富的想象空间,这种作用语言是无法替代的。

这部作品的结尾部分,用了电影《辛德勒的名单》

中的一段音乐。解说词是这样的:"走出音乐厅,我的心沉沉的,当人们真诚地为和平祈祷,用音乐为生命畅想的时候,我仿佛听到了冤死的灵魂在地狱中发出的和声,那是愿'恶魔的饱餐'不再重演,愿世界人民都能过上美好生活的祝愿!"此时,描写二战时期德国纳粹迫害犹太人的电影《辛德勒的名单》中忧伤的旋律响起,让人深思和回味。

所以,选择专题节目的音乐,一方面要寻找与节目主题和内涵相关的音乐素材,塑造节目的灵魂;另一方面,要寻找具有艺术特征和表现力,能够深化节目主题的音乐素材。只有充分发挥音乐的特性,发掘音乐的多种表达功能,才能创作出较高艺术水准的《专题音乐节目》。

三、精心制作,用音乐展现和反思历史

复制合成是实现编辑总体设计的最后一道工序。在制作专题音乐节目《音乐的宣言》过程中,主创人员把音乐、解说词、音响用艺术创作的手法巧妙地编织在一起,水乳交融,天衣无缝,使它成为一个完美的艺术作品。

在制作《专题音乐节目》时,音响要真实、典型、传神。以声音传播内容,是广播最重要的特性语言。音响、音乐构成了《专题音乐节目》的主要内容。与平面文字相比,人的语言、大自然和日常生活中的音响要生动精彩得多,蕴藏的内涵也要丰富得多,也更具感染力。

由于时空、场合的变化,就有转场需要,用作转场的声音有两种,其一是与所表现的事件有关的某种自然音响,其二就是音乐。

在《音乐的宣言》中就成功地运用了两次剧场中时空转换的音响。虽然它只有短短几十秒钟,但它对节目内容、对提炼主题起到了不可低估的作用。它不仅能渲染气氛,还能唤起听众的想象力,突出现场气氛,增强

了节目活力，使节目能紧紧抓住听众的心，更具可听性。

历史是用许多事件组成的，不同的是，以往的历史多是用文字记录的，有了广播以后，声音也是历史的组成部分之一，并且越来越成为重要的组成部分之一，声音是广播节目永恒的魅力所在。

《音乐的宣言》就有一段肖斯塔科维奇在1942年他的《列宁格勒交响曲》第一次演出时留下来的充满激情的讲话录音。他说："苏联的音乐家们，我亲爱的战友们，巨大的危险在威胁着我们的艺术！我们要保卫我们的音乐，我们是不可战胜的！"这时激动人心的《列宁格勒交响曲》掀起乐句的高潮，音乐语言荡气回肠，大气磅礴，浑然天成，把抽象的音乐转换成栩栩如生的历史画面。

这部作品将音乐、语言、音响、情节，水乳交融地糅为一体，寓情于音乐，寓情于情节，寓情于细节，用音乐带动故事的发展，让听众产生一种身临其境的画面感。

音乐是直通人心的艺术，它传播给人丰富的感受，可以激起人们深藏的感情，打动人的心灵。《音乐的宣言》既有新闻性，更注重充分发挥音乐的作用，具有音乐艺术的特点。这些音乐对节目主题有着强烈的表现作用，使节目更具内涵和感染力，在一定意义上也决定了整个节目的水平。

历史是一座天平，一边盛着血泪，一边担着和平。《音乐的宣言》结尾有这样一段话："此时，我们再一次把目光投向六十年后的今天，正义和良知谱写出的音乐的宣言，将会向世界人民传递出远离战争、热爱和平的心声。"以此表明，热爱和平是全世界人民的共同心愿。这部作品以丰富的音乐、音响、现场的真实感受和想象力，给听众留下了言有尽而意无穷的回味，在反思的历史沉痛中，释放感情，净化灵魂。

《好望角》2013年拍摄于南非

精品节目 异彩纷呈

冯 健

在 2007 年北京人民广播电台优秀节目评选中，音乐广播获文艺类一等奖 1 个，二等奖 1 个，三等奖 3 个，这些获奖作品选题广泛，主题鲜明，立意深刻，节目形式有所创新，表现手法有所突破，注意内容与形式的完美结合，形式多样，不拘一格，各有特色，同上半年"十佳节目"相比，水平有较大幅度的提高。

一、用独特的视角挖掘作品内涵

一个好的音乐专题，首先面临的是角度的选择，新颖的角度是成功的开端，因此角度一定要有新意。同一事情，站在一个新的角度，以新的观点去看，就会有不同的理解和感受，所反映的事物的深度便可随之变化。

2008 年奥运会将在北京举行，围绕奥运会以及奥林匹克精神做节目的角度有很多种。由刘慧编辑的获得三等奖作品《从〈手拉手〉到〈永远的朋友〉》，从奥运歌曲创作的角度，介绍了奥运应征歌曲《永远的朋友》的创作过程和作品背后的故事，以及其中所反映出来的那种超越国界、超越种族的爱。每届奥运会都会创作一首集中反映主办国、主办地鲜明人文特色以及人类追求奥林匹克精神的主题歌曲，北京奥运会的主题歌曲由奥组委负责面向全球征集，从 2003 年 4 月 15 日起，已经征集了五万首歌曲，经过各种媒体的广泛推广和广泛传唱，最终将确定一首充分反映中国文化特色和奥林匹克精神，并为世界各国人民广泛热爱的北京奥运会主题歌。

《永远的朋友》这首歌是由汉城奥运会的奥运主

2013 年在南非好望角

题歌《手拉手》的作者乔治·莫洛德尔和中国钢琴家孔祥东联手创作的。音乐专题节目《从〈手拉手〉到〈永远的朋友〉》深入挖掘了乔治·莫洛德尔与孔祥东用这首奥运歌曲来缅怀他们共同朋友的真实故事，用感人的情节告诉听众，这首歌不仅是中外艺术家合作的艺术结晶，更重要的是饱含着以何建民先生为代表的海外爱国华侨对祖国的一腔赤子深情。（何建民先生曾自费拿出400多万元人民币拍摄申奥宣传片）他们为中国的申奥以及最后的成功申办一直在呐喊助威，做着很多艰辛的努力。

这部作品通过这些感人至深的故事，体现了在奥运的旗帜下，所有的朋友以不分种族、不分国界的音乐语言形成一种合力，用民族化和世界性相结合的创作方式，向世界展示中国文化和音乐的魅力。

由谷悦制作，获得三等奖的作品《一代歌王——卡鲁索的故事》，以蒙太奇的手法、用音乐的语言打破时空界限，将故事剪辑组合到一起，上下贯通，首尾呼应，

《南非桌山风光》2013年冯健拍摄

以独特的视角深挖了作品的内涵，达到了"以乐叙事"、"以乐感人"的艺术境界。

帕瓦罗蒂曾说过："卡鲁索确实是楷模，所有的男高音都应当以他为师，他的声音举世无双，任何人都不能同他相提并论。"可见卡鲁索在世界声乐界的崇高地位。

这部作品制作精良，节目完美统一，题材选择巧妙，角度立意高新，是一部精心策划制作的《专题音乐节目》，突出了艺术性和欣赏性。

《专题音乐节目》非常重视深入挖掘作品内涵和思想价值。一个好的选题要靠平时的积累、敏锐的发现和果断的捕捉，要善于思考并真正掌握和运用好音乐素材，以音乐作为一种媒介手段，从中揭示出更深的思想和文化内涵。

二、用真实的素材架起音乐与情感的桥梁

情感是艺术的一个显而易见的特征。很多艺术家认为艺术就是人类情感的表现，"情感"一词被用在了最广泛的含义上。

由张欣编辑，获得二等奖的专题音乐节目《母亲也是天使》，讲述的是音乐广播《永恒的魅力》节目编辑张欣童年时期和母亲之间真实的音乐故事。作品最初的创意是2007年夏天张欣生日前夕，她特意到山东人民广播电台寻找到母亲当年演唱民歌的音响资料，并向姨妈多次询问母亲年轻时的故事，以此为线索创作成一部专题音乐节目。

真实的素材是闪光的珠子，如何把它们串成一条美丽的项链，还需要去粗取精，进行巧妙的结构、适度的加工，加工的原则应当是挖掘素材本身的内涵，使其在一个尽可能自然流畅的结构和节奏中更真实，更动人。

《阿布扎比清真寺》2013 年拍摄于迪拜

满了生活的情趣。而当时张欣的母亲只是一名高中生，她甜美透亮的歌喉和生动形象的表演，给在场的人留下了深刻的印象。

由于很多原因，张欣的母亲没能实现当一名歌唱演员的梦想，而是下乡插队劳动了三年，但她始终把对音乐的爱投入在工作、生活和对两个女儿的培养中。在她去世十几年后，两个女儿先后成了中国音乐学院的研究生，并且在毕业后从事着比较理想的音乐工作。

这部作品用真实的素材、真实的故事，以情感人。在节目中有一段张欣的叙述："在我的记忆里，妈妈人缘非常好，很多同事都亲切地称她为大姐，她总是把自己最快乐的一面展现给别人。实际上我父亲去世特别早，妈妈一个人带着我和姐姐肯定是挺不容易的。现在回想小时候，我从来都没有觉得自己缺什么，反而比身边很多同学都幸福。我想妈妈在为我们营造那么好的生活环境和氛围的同时，不知比别的妈妈要多付出多少……"说到这时，张欣已是泪流满面。我想，这种真实情感的流露，一定能打动听众的心灵。这时，音乐起到了决定性的作用，它是语意的延伸、人物感情的深化，也是感染听众的桥梁，令人感动，令人回味。

这部作品中张欣母亲演唱的民歌《王大娘喂鸡》，是她在 1962 年参加山东省文艺汇演时，由山东人民广播电台做的现场录音。这首歌还曾在中央人民广播电台播出。这首民歌用朴实生动的语言，把一位山东农村老大娘幽默、热情、开朗的形象表现得惟妙惟肖，充

这部作品并没有大的事件，也没有震撼人心的场面，但它突出了一个"情"字。简约是美，平淡是真，"感人心者，莫先乎情。"真正能打动人的，恰恰是那种高尚的母爱精神境界。那种纯真、善良、美好情感的感召，是人间真情。整部作品以母亲的音乐故事为线索，讲述了音乐带给两代人的激情与梦想，突出了"生命的延续是爱的延续，也是梦想的延续"这样一个主题。

三、注重音乐的欣赏性和新闻性

成功的《专题音乐节目》是经过编辑精心加工制作的、具有很强欣赏性的音乐节目。制作这样的《专题音乐节目》，编辑往往要倾注更多的心血，才能得到比较理想的效果。首先要策划一个有一定艺术价值的选题，要使听众有所得，有所回味。

由于允编辑、获三等奖的专题音乐节目《草原神骏》，突出了民族风格和地域特色。作品在浩如烟海

的蒙古族音乐中，以骏马的意象为线索，串联起蒙古族久远的历史和文化，特别是用奔向天堂的骏马意象，把骏马精神和内蒙古自治区成立60周年的历程以及民族自治奔小康的主旋律做了有机地融合。节目新颖而贴切，立意深远，构思巧妙，在节目中运用了合唱、民歌、长调、马头琴等多种音乐形式，通过立体化的手法，展示了蒙古族音乐文化丰富而深厚的魅力。

由杨菲菲编辑、朱云主持，获一等奖的专题音乐节目《掌声中的葬礼》，是一部具有新闻性的《专题音乐节目》。新闻性《专题音乐节目》，是通过新闻事实与音乐作品的结合，突出表现某个主题的节目形式。它具有新闻性，但它不像一般新闻媒体那样特别强调新闻的时效性，而是着意于新闻事实与音乐作品的有机结合，同时具有音乐的欣赏性。它既带有现场感，但又不一定拘泥于现场，可以把特定事件作为由头，借以生发和引申。

2007年9月6日，世界著名男高音歌唱家帕瓦罗蒂因病逝世，这不仅是音乐界的重大损失，对于整个世界，也是一个令人震惊的消息。

这部作品以2007年9月8日在意大利莫德纳教堂里举办帕瓦罗蒂的葬礼为线索，介绍了帕瓦罗蒂的生平和他在歌唱事业中所取得的重大成就，以及帕瓦罗蒂和中国人民的深厚情谊，以歌声和掌声的方式来纪念这位伟大的歌唱家。

把一些优秀的音乐作品变成广播中的《专题音乐节目》，把综合性的艺术变成听觉艺术，音乐编辑必须进行大量创造性的劳动。要想使这些作品达到预期的效果，就要求编辑对音乐作品有比较深刻的理解。以上这些获奖节目并不都完美无缺，还有许多需要改进的地方。愿这些主创人员不断总结经验，不断寻找差距，不断勤奋努力。

获奖本身并不重要，重要的是通过这些获奖节目，能够对过去的编辑创作工作进行一番思考和总结。"机遇只厚爱那些有准备的人"。这准备就是要随时积累知识，勤于思考，"博观而约取，厚积而薄发"。做好一个音乐节目不容易，做好一个《专题音乐节目》更辛苦。一分耕耘，一分收获，创作精品的过程是锻炼人的好机会，更是做好广播音乐节目的必经之路。

在南非约翰内斯堡

95

《印象丽江》2013 年冯健在云南采风时拍摄

简约是美 平淡是真

冯 健

由北京音乐广播送评的专题音乐节目《母亲也是天使》，荣获2008年全国广播文艺节目音乐节目一等奖。这部作品以真实的素材，新颖的结构，讲述了北京音乐广播《永恒的魅力》节目编辑张欣童年时期和母亲之间感人至深的故事，突出了"生命的延续是爱的延续，也是梦想的延续"这样一个主题。这部作品人物形象鲜活，思想内涵深刻，人文气息厚重，感情真挚动人，赢得了评委一致好评。

2004年冯健代表北京音乐台到广西武鸣县民族学校音乐班献爱心

一、用真实的素材架起音乐与情感的桥梁

在广播中最能唤起人们心中美好感情的是音乐，音乐是人们交流思想感情的一种语言，是连接人类心灵的桥梁。

专题音乐节目《母亲也是天使》最初的创意是2007年夏天张欣生日前夕，她特意到山东人民广播电台寻找到母亲当年演唱民歌的音响资料，并向姨妈和姐姐多次询问母亲年轻时的故事，以此为线索创作了一部专题音乐节目。

真实的素材是闪光的珠子，如何把它们串成一条美丽的项链还需要"去粗取精"，进行巧妙的结构，适度的加工，加工的原则应当是挖掘素材本身的内涵，使其在一个尽可能自然流畅的结构和节奏中更真实、更动人。

这部作品结构新颖，视角独特，主持人和作者本人的串联词轮流出现，节目开始部分说到："我母亲离开我的时候我13岁，在我的记忆里，很多和她在一起的快乐时光都和音乐有关。我小的时候会唱一些别人不会唱的歌，都是跟妈妈学的，其他小朋友甚至都没听过，后来我才知道我妈妈是我们那一带有名的民歌手。"

这些真挚、朴实的语言，一下就把人带进意境中，描写的是骨肉亲情、母女情，这时的音乐是具有浓郁风格的山东民歌《沂蒙山小调》改编的乐曲，具有动人的描绘功能。描绘本来是绘画的功能，线条、色彩和色调是它的基本手段。音乐的描绘是通过声音的运动，表达人们的思想感情活动和精神状态，刻画人的内心世界，让人联想人物的形象。这些感人的语言和优美的音乐，把她母亲的形象充分展示在听众面前，让人们有一种非要听下去的渴望，在节目开始的几分钟内"抓住了听众的耳朵"。

1962年，她母亲还是一名中学生时，就参加了山东省民歌汇演，演唱的民歌《王大娘喂鸡》给很多人留下了深刻的印象。当时山东人民广播电台做了现场录音，曾在中央人民广播电台播出。在这部作品中就采用了当年的原始录音。声音是广播节目永恒的魅力所在，用声音记录历史更有一种真实感。人们在接受这种原始录音时，也是一个音响感知和情感体验的过程。这种原始录音的音乐传播给人的丰富感受，可以激起人们深深隐藏着的感情，打动人的心灵。

在她13岁那年，母亲永远地走了。很多年她始终不愿意面对这件事情，但她特别渴望能够了解母亲，了解母亲的故事。她去问了姨妈，姨妈比母亲小两岁，她们俩从小一起唱歌、跳舞，一起长大，上中学时她们俩都是宣传队里的台柱子，两朵耀眼的姐妹花。有一次排练演出女声二重唱《洪湖水浪打浪》，老师们都觉得由她们俩来唱无论音色、年龄还是外形都再合适不过了。当时姨妈知道女声二重唱追求的是和谐，但也觉得唱一声部是一种荣耀。她们俩人都谦让对方唱一声部。姨妈坚持说："你是姐姐，你唱一声部吧。"当母亲歌声响起，姨妈听着歌声用余光望着当时正是

冯健和音乐班的老师、同学们交流

花样年华的姐姐，感觉特别的幸福、自豪和陶醉。这时，优美的女声二重唱《洪湖水浪打浪》扬起。这段运用音乐煽情的真实素材，情真意切，让人听后为之动容。

二、精选细节，感人腑脏写真情

细节的捕捉、选择和运用，是作品的传神之处。没有真实的细节，就不能给人以高度的真实感，就不会有可信度。捕捉细节要用慧眼，用好细节更要靠匠心。

《母亲也是天使》开始制作时，效果并不理想。我把张欣的姐姐请到电台，向她问询有关她母亲的一些情况。当我问到她母亲的一些感人情节时，她姐姐不禁潸然泪下。在一旁静静地听着我们的对话，张欣忍不住地说："冯老师，我知道该怎样改了。"当她再次录完这部作品的语言时，和原来已大不一样了。那种母女之间的感人之处表现得淋漓尽致，催人泪下。

这部作品由于是主持人和作者的串联词轮流出现，作者本人那种对作品的深刻理解和把握，张弛有度的声音表达和音乐、音响的完美结合，互相衬托，具有一种听觉的感染力，增加了听觉效果，细节描绘得有血有肉，更好地表达了主题和内涵，较好地发挥了广播特色。

这部作品有以下几个鲜明的特点：

1. 精选细节，主题鲜明集中。故事以"母亲"为主线贯穿始终，表现了许多感人的情节，突出了母女之间的人和事、情与意。

2. 感情真挚，真情互动，与听众产生共鸣。作品以事托情，以情感人，没有慷慨地评说，更没有生硬的说教，亲切感人，含不尽之意于言外。

3. 作品语言通俗、亲切感人。主持人、作者语言精确、简练而生动，可听性强。语言、音乐、音响恰到好处，融为一体，渲染气氛，传情达意，给听众以丰富

冯健和音乐班老师、同学们合影

的想象空间，具有艺术的感染力。这是作品的感人之处，也是作品的成功所在。

在这部作品中有一段张欣的叙述："在我的记忆里，妈妈人缘非常好，很多同事都亲切地称她为大姐，她总是把自己最快乐的一面展现给别人。实际上我父亲去世特别早，妈妈一个人带着我和姐姐肯定是挺不容易的，现在回想小时候，我从来都没觉得自己缺什么，反而比身边很多同学都幸福。我想妈妈在为我们营造那么好的生活环境和氛围的同时，不知比别的妈妈要多付出多少……"

说到这时，她已是泪流满面。此时此刻，人们为天下最平凡、最伟大而无私的母爱和骨肉亲情而倾倒。张欣的叙述动情而不煽情，平静中显示出内心的张力和意蕴。这种感人的真情流露一定能打动听众的心灵。这时，音乐起到了决定性的作用，它是语意的延伸，人物感情的深化，也是感染听众的桥梁，令人感动，令人回味。

据专家介绍，在 2008 年全国选送的近一百部作品中，这是唯一一部让评委落泪的作品。这部作品始终在真实和情感上做文章，以朴素的语言叙述了张欣和母亲之间真实的情感，以细腻的笔墨描绘了许多感人的情节。作品反映的内心世界思想感情有血有肉，没有虚伪，没有造作，没有粉饰，更没有夸大，因此产生了感人的效果。

三、简约是美，平淡是真

《母亲也是天使》没有什么波澜壮阔，也没有震撼人心的场面，但透过作者和母亲的感人故事，使听众体会到了它背后所蕴藏的丰富内涵。它没有矫揉造作，犹如流淌在人们身边的清泉，真实可信。让听众感受到精神的升华和灵魂深处的撼动。

作品中有这样一段话："妈妈对音乐梦想的坚持也让她不断在工作上取得成绩，从一名农村代课老师被调回城，先后从事中学音乐教师和文化局的工作。

我记事的时候妈妈已经很少在公开场合唱歌了，而且她早已经把自己的音乐梦想寄托在了我和姐姐身上。但她还是挺浪漫的，记得小时候她经常在送我去姥姥家的路上唱歌，当时有两条路可以走，她特别喜欢走小路，路上可能一个行人都遇不上，她就会一边骑车一边唱歌，微风轻拂着她的秀发，田园般的美景映衬着她那张美丽的、阳光的脸庞，每到那时世界仿佛就是她的一样。"

这时一首管弦乐曲《沂蒙山小调》的旋律升腾而起，让人有一种身临其境的现场感，冲击着人们的心灵并产生了广阔的思维想象空间。这种细节的表现力、感染力和冲击力，是其他艺术表现手法很难比拟的。

由于很多原因，张欣的母亲没能实现当一名歌唱演员的梦想，但她始终把对音乐的爱投入到工作、生活和两个女儿的培养中。她去世十几年后，两个女儿先后成为中国音乐学院的研究生，毕业后都从事音乐工作。

"感人心者，莫先乎情"。专题音乐节目《母亲也是天使》就在"情"字上做足文章，下足功夫，架构出一个感人至深的情"场"，形成了一股强劲的内驱力，感动着听众，感动着评委，也感动着主创人员。

这部作品普普通通，平平淡淡。简约是美，平淡是真。真正能打动人的恰恰是那种高尚的母爱精神，那种纯真、善良、美好情感的感召是人间真情。整部作品以母亲的音乐故事为线索，讲述了音乐带给两代人的激情与梦想，给人以震撼和感动。

《水车》2013 年到云南腾冲采风时拍摄

获奖音乐节目有感

冯　健

北京音乐广播从 2000 年开始已连续七届获得中国广播界音乐节目国家级最高奖。这些作品立意高远，思想性和音乐性的巧妙融合让节目的主题思想得以升华。这些获奖节目都是以情感人，这是广播节目的最高境界。真正能打动人的是现代社会缺乏而又十分需要的博大爱心，是那种纯真、善良、美好情感的感召，是真善美理想的体现。

一、题材新颖、主题深刻、手法巧妙

创新是广播精品创作的灵魂。"新"不仅体现在内容上要有新信息、新思想，而且在形式上要有新的表现手法、新的节目形式。怎样才能使节目有新意，首先是题材创新，努力求新。跟上时代的步伐，发掘新题材，选择新角度，给人新鲜感，使人产生一种乐意听、非听下去不可的欲望。

人们常说，题材是根本，题材抓准了，可以说就成功了一半。有的节目摆在一起，题材本身就占有一种优势，因为它分量摆在那儿，所以这些获奖音乐节目的选题非常重要，要关注一些重大事件，做到心中有数。在选题上要站在很高的位置，因为我们是媒体，要突出新闻性和时效性。题材有两种是占优势的，一种是有深刻的社会含义，另一种是具有丰厚的文化内涵。做音乐创优节目，并不停留在就音乐而谈音乐，要力求体现音乐的人文化的诉求，体现人文化诉求当中的社会化的视角，体现社会化视角当中的历史文化思维，

这样的音乐节目才能做出它的厚重感。即要用音乐说话，也要用事实说话，还要把音乐和事实融为一体。

获得 2005-2006 年度中国广播影视大奖的音乐节目《音乐的宣言》是在纪念世界反法西斯战争胜利60周年之际，北京音乐广播的主创人员在北京音乐厅观看了一场音乐会《恶魔的饱餐》。它是由日本民间自发组织的混声合唱团通过演唱揭露日本 731 部队在中国犯下滔天罪行的音乐会，专程来向中国人民表示道歉的。

我们认为这是一个值得深入挖掘，具有深刻主题思想的好素材。连日跟踪采访了日本合唱团的所有活动。经过构思和策划，用非常巧妙的手法创作了这部专题音乐节目。

这部作品中的实例感人至深。例如：日本京都大学教授加藤利三先生参观了平顶山纪念馆后，他感到无比地震惊。他手捧着鲜花泪流满面："我要代表我们的先人为我们的罪行表示深深的歉意。"然后他工工整整写下了"前事不忘、后事之师"八个字。作品中没有华丽的词语，始终在真实和情感上做文章。它以纪实的手法反映了真实的历史；以朴素的言语叙述了真实的情感；以真实的细节描绘了感人的情节。作品反映的客观事实和人们的内心世界是有血有肉的，它深化了主题，产生了感人肺腑、令人震撼的效果。

人们通常以为做音乐节目似乎与新闻没有多大关系，不太要求有什么新闻敏感，也不太讲究什么社会化视角，如果在一般人看来，这部作品最多做一期演出实况音乐会即可，这样的节目肯定很一般化，但《音乐的宣言》从人类的善与恶，正义与邪恶的生死较量这一视角出发，通过大量的手法用事实讴歌了人类的正义和良知，用音乐宣告远离战争，热爱和平的心情，

这就是一个很有深度的社会化视角，由于主题深刻，制作手法巧妙，使这一节目比原来的那种音乐会更富有艺术感染力和情感冲击力。

音乐节目的角度一定要有新意，一样的事情站在一个新的角度以新的观点去看，就会有不同的理解和感受，事物本身虽没有变，但反映事物的角度变了，所反映的事物的深度便可能随之变化。

获得第十一届中国广播文艺奖音乐节目一等奖的《巡天遥看一千河》通过中国"神州五号"载人飞船发射成功这一重大题材，用音乐去描绘和延伸了主题。绘制出一幅幅人类探索太空，感天动地的美丽画卷。这部作品用交响音画的形式来表现特定的题材，向世人展示了中国人探索太空所蕴含的民族精神。音乐成功的运用使作品气势宏大，震撼人们的心灵。为了挖掘到伟大壮举背后的故事，我们通过多方联系，乘坐军用飞机，深入到酒泉卫星发射中心进行采访，为节目增添了催人泪下的情节。

这部作品将音乐与新闻水乳交融地糅在一起，寓情于音乐，寓情于新闻，寓情于细节。用音乐带动故事的发展，用感人的细节营造出一种意境，揭示出更深的思想与文化内涵。它不只是让听众欣赏音乐，而是要使听众从中得到知识，得到思想的启迪和美的享受。

1. 2009 年在中国广播电视创优论坛大会
2. 冯健在直播
3. 2009 年到部队慰问演出

二、感人肺腑写真情，再现听觉想象空间

音乐是一种情绪，一种意境，一种情感的艺术，一种独特的语言——情感语言。

广播音乐界的同仁们在比喻制作专题音乐时经常说："要让音乐说话。"借助音乐的语言，表现各种不同的内心情感；表现各种不同的内心激情。

创优音乐节目要有丰富的思想内涵，要有浓烈的情感和深远的意境，要动情，要感人，要给人无限的想象空间，同时也要有严谨的艺术构思和相应的艺术技巧。

在音乐节目中，音乐不是外在附加物，不是可有可无的点缀，而是非常重要的有机组成部分。音乐能深化作品的主题，它能再现听觉的想象空间。

获得 2008 年中国广播文艺音乐节目一等奖的节目《母亲也是天使》以真实的素材，新颖的结构，以情感人。讲述的是北京音乐广播《永恒的魅力》节目编辑张欣童年时代和母亲之间感人至深的故事，突出了"生命的延续是爱的延续，也是梦想的延续"这样一个主题。

《母亲也是天使》一开始制作时，并不十分理想，于是，我把张欣的姐姐叫到电台，向她询问有关她母亲的一些情况，张欣在一旁静静地听着，当我问到她母亲的一些感人的情节时，她姐姐不禁潸然泪下。最后，张欣说："冯老师，我知道您要什么东西了。"当张欣再次录完这部作品的语言时，那种母女之间的感人之处，表现得淋漓尽致，催人泪下。这些感人的语言和优

《雪山》2010年冯健拍摄于瑞士

美的音乐把张欣和她母亲的形象充分展示在听众面前，让人们有一种非要听下去的渴望，在节目开始的几分钟内"抓住了听众的耳朵"。

这部作品由于是主持人和作者的串联词轮流出现，作者本人那种对作品的深刻理解和把握，张弛有度的声音表达和音乐、音响的完美结合，互相衬托，增加了听觉效果，具有一种听觉的感染力。对细节描绘得有血有肉，更好地表达了主题和内涵，较好地发挥了广播特色。

这部作品有以下几个鲜明的特点：

1. 精选细节，主题鲜明。故事以"母亲"为主线贯穿始终，展现了许多感人的情节，突出了母女之间的人和事、情与意。

2. 感情真挚，真情互动。作品与听众产生共鸣，以事托情，以情感人。没有慷慨的评说，更没有生硬的说教，含不尽之意于言外。

3. 语言通俗，深切感人。主持人、作者语言明白如话，精确、简练而生动，可听性强。语言、音乐、音响恰到好处，融为一体，渲染气氛，传情达意。给听众以丰富的想象空间，具有艺术的感染力。 这是作品的感人之处，也是作品的成功所在。

"感人心者，莫先乎情"。专题音乐节目《母亲也是天使》就在"情"字上做足文章，下足功夫。架构出一个感人至深的情"场"，形成了一股强劲的内驱力。虽然普普通通、平平淡淡，但是高尚的母爱深深地打动着听众，那种纯真、善良、美好情感的感召是人间真情。

获得第九届中国广播文艺奖音乐节目一等奖的节目《侗乡随想》，是根据北京音乐广播采风小组到贵州侗族居住的边远山区采集到的，用侗族大歌编辑而成。古老的侗族大歌有着悠久历史，凝聚着侗族儿女的智慧和才干。侗族大歌在中国文化大家庭中一枝独秀，具有自己独特的个性和魅力，而侗族大歌的传唱与保留更显示出侗族文化得天独厚的神韵。节目中运用了各种音响和优美的音乐，营造了浓重的意境和氛围，展现出独具魅力的侗家风情，让人感到侗寨的悠远深邃。树木葱茏，泉水叮咚，显现出山寨的勃勃生机。通过一首首优美的侗族民歌，透出一派祥和与安宁。这些优美的音乐和音响使侗族人、侗族村寨、侗族民歌、侗家生活融为一体，展现了侗族大歌浑然天成的艺术魅力，给人以美感和冲击力。

素材有限，创意无限。广播音乐节目一切编辑手法的结果是要对听众造成听觉上的刺激和感染。在节目中把音乐、音响要发挥到极致，再现广播听觉的想象空间。

三、精心制作，注重细节，用音响展现历史画面

在制作这些获奖节目时，复制合成是实现编辑总体设计的最后一道工序。主创人员把音乐、解说词、音响做艺术的处理后巧妙地编织在一起，水乳交融，天衣无缝，使它成为一个完整的、完美的艺术品。

在制作《专题音乐节目》时，音响要真实、典型、传神。用声音传播内容，是广播最重要的特性语言。音响、音乐构成了专题音乐节目的主要内容。与平面文字相比，人的语言、大自然和日常生活中的音响要生动精彩得多，蕴藏的内涵也要丰富得多，也更具感染力。

做一期好的创优音乐节目功夫要下足，要有敏锐的感觉，同时要大量占有资料，越多越详尽也就越好。它包括：音响素材、音乐素材、文字资料。收集资料的主要途径是要进行深入的采访，因为听众要了解的是一些有血有肉的、活生生的人物，这样才能让听众从节目中领悟到更深的哲理。要让听众对你制作的节目感兴趣，就要运用好音乐和其他手段来丰富节目。例如增加音响，让人有一种身临其境的感觉。

节目的丰富多彩，首先是资料的丰富多彩。应该学会收集资料，使用资料，有时为了获得更广泛的背景性资料，要到第一线去深入采访。这种劳动决不会白费，它会帮助你得到对事物的一个完整印象，从而升华出更深、更感人的观点。

获奖节目《音乐的宣言》中就成功地运用了两次剧场中时空转换的音响。虽然它只有短短几十秒钟，但对节目内容和提炼主题起到了不可低估的作用。它不仅能渲染气氛，还能唤起听众的想象力。用声音为听众突出了现场气氛，增强了节目活力，使节目能紧紧抓住听众的心，更具可听性。

《专题音乐节目》要想做到感动听众，甚至催人泪下，确实不是一件容易的事。但是，当节目的内容能深深地打动听众时，他们一定不会忘记节目中的感人细节。这样的节目会使人难以忘怀，同时起到了净化人们心灵，使人们的精神境界得到升华。

获得第八届中国广播文艺奖音乐节目一等奖的节目《世纪之约》中有一处非常动人的细节：在医院中的李德伦已经卧床两个月了，他是靠打点滴来维持生命。当世界上最伟大的小提琴家斯特恩来中国和他同台演出时，用李德伦的话来说："这是我们的世纪之约，我们将再现20年前的精彩时刻。"在音乐会上，年过80的李德伦抱病坐着轮椅被推上指挥台，与斯特恩联袂演出莫扎特的《第三小提琴协奏曲》。舞台上美好的音乐和大师的心声融为一体，令人感动。回到后台，李德伦不顾劳累，坚持要去向斯特恩表示祝贺。斯特恩一看到一头汗水的李德伦，心里一酸，两人又紧紧地拥抱在一起。斯特恩老泪纵横，不断地叮嘱李德伦要保重身体。在一边的我真的忍不住了，泪水顺着采访机流下来。我看到我身边的许多摄影记者都是在一边流泪一边拍摄，端着摄像机和摄影机的手都在颤抖，那个场面使我终生难忘。这时，一首委婉而深沉的小提琴协奏曲伴随着语言延伸出来，达到了感人至深的境界，令人动容。

音乐是人类心灵自在的产物和直接的表现，就其本身来说是一种动态艺术。音乐通过它的各种表现手段能够真切地传达人的喜怒哀乐各种情绪，以及各种

性格。音乐的作用是多样的，不仅可以感染情绪，而且对作品的进一步发展、主题的深化、人物内心的刻画、作品的风格等都起到了非常重要的作用。

获得2007-2008年度中国广播影视大奖的音乐节目《梦想的旋律》以丰富的内容，独特的视角，大气磅礴的音乐以及真实的音响，充分发挥了《专题音乐节目》的特点。用音乐和事实来说话，从申奥成功之夜全球华人狂欢的场面到奥运会、残奥会令人难忘的历史瞬间，真实地反映了当时的场景和一些鲜为人知的故事。

北京奥运会是一个重大题材，位于首都的北京音乐广播无疑有责任运用音乐的形式去反映和讴歌这一民族盛事，这也是一次百年难得的机遇。然而，奥运的题材实在太重大，材料太丰富了，各种广播、电视类节目也做得太多了。要用不到30分钟的音乐节目加

以成功地表现，难度极大。

《梦想的旋律》有三个高潮，一波未平，一波又起，层层推进，环环相扣，充分发挥了广播的特色。音乐、音响各种手段营造了一个又一个的高潮，产生了强大的情感冲击力。通过一个个感人的画面，激发出视觉的想象空间。用音乐的旋律描绘了奥林匹克的宗旨和精神，突出了"同一个世界，同一个梦想"的主题，体现了人类追求和平和友谊的美好愿望。

这些获奖节目有一个共同的特点，就是即具有时代特征，又具有艺术创造潜能的题材和采掘点。注重时代精神才会有积极捕捉信息亮点的艺术敏感，才会使信息升华为艺术创造，紧扣听众情感和心理的关注点进行艺术策划，使作品在开掘和深化中，在情感、内涵上有了拓展，延伸和展开了创作的思路，使节目带有一定的时代意义。

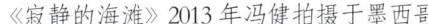
《寂静的海滩》2013年冯健拍摄于墨西哥

《梦想的旋律》创作阐述

冯　健

2009 年 12 月 18 日，2007—2008 年中国广播影视大奖广播电视节目颁奖会，中国广播电视节目创新创优论坛在哈尔滨举行。北京音乐广播选送的专题音乐节目《梦想的旋律》在众多参评节目中脱颖而出，获得中国广播影视大奖。北京音乐广播从 2000 年开始，已连续七届获得中国广播界音乐节目政府奖最高奖。

《梦想的旋律》以丰富的内容，独特的视角，大气磅礴的音乐以及真实的音响，充分发挥了专题音乐节目的特点，用音乐和事实来说话，从申奥成功之夜全球华人狂欢的场面到奥运会、残奥会令人难忘的历史瞬间，真实地反映了当时的场景和一些鲜为人知的故事。

一、用音乐和细节描绘奥运会的感人画面

2008 年的北京奥运会吸引了全球目光，震撼了世界。它是历史悠久的奥林匹克与源远流长的中华文明的一次伟大的握手，也是世界文化与中国文化的一次雄伟交汇。对于处在新的战略机遇期的中国来说，北京奥运会具有极为重要的历史和现实意义。

北京奥运会是一个重大题材，位于首都的北京音乐广播无疑有责任运用音乐的形式去反映和讴歌这一民族盛事，这也是一次百年难得的机遇。然而，奥运的题材实在太重大，材料太丰富了，各种广播、电视类节目也做得太多了。要用不到 30 分钟的音乐节目加

1

1. 2008年采访残疾人火炬手王衡
2. 2008年采访作曲家吴军
3. 2009年在中国广播影视大奖典礼电视晚会

以成功地表现，难度极大。

作者在奥运会结束后，走访过许多人，包括出租车司机、小商贩、个体户老板、大企业董事长、总经理等，就问他们一个问题，这次奥运会开幕式最让你感动的是哪一个情结？很多人说最让他们感动的是小女孩演唱的《歌唱祖国》。当歌声响起时，许多人热泪盈眶，感受到作为中国人的自豪。于是这部作品就从这首《歌唱祖国》开始，正如指挥这首歌的著名指挥家谭利华在节目中所说："听的时候，让人非常感动，甚至有一种想落泪的感觉。我和乐团每一个成员都非常感动，而且印象太深刻了，是多少年来几乎很少有的一种感觉。通常大家认为，这是一个非常宏大的场面，那种雄壮地

展现一个大国风范的乐曲和一个情结将展现，但是它恰恰相反，用那种童声的、稚嫩的、那种天籁般的声音，演唱了一首大家都非常熟悉的进行曲的歌曲，让人出乎意料，而且，产生的感染力应该说是非常强大的。"

这部作品一开始就用音乐和细节紧紧抓住了听众的情感。因为音乐是一切艺术中最强有力的、高度激情的艺术。它能够深刻地影响听众的情感，是强调和渲染《专题音乐节目》中情感的重要手段。同时，音乐又是最善于表达感情的，当语言无法表达感情的深度和广度的时候，音乐可以是语意的延伸，人物感情的深化，也是感染听众的桥梁。

在北京奥运会开幕式上，人们熟悉的《歌唱祖国》的那首原本是雄壮、豪迈的进行曲，此时却变成了慢板的抒情曲，改编这首歌曲的青年作曲家吴军回忆了

这首歌的再创作时的心路历程。

那是在 2008 年 4 月，吴军在电视里看到奥运火炬在法国传递时遭到藏独分子的阻挠，当地华人华侨，中国留学生群情激奋，大家齐声高唱《歌唱祖国》。当他看到这一幕时，原本进行式的旋律，在吴军心中一下子变得深沉舒缓起来，就这样，他赋予了歌曲新的演绎，激发出中国人发自肺腑的对祖国真挚的感情。

这时，吴军用哽咽的声音说到："当时看了所有的海外华人都唱这首歌，我自己就放着，因为当时我们找了另外一个小女孩唱过了，她在唱这首歌的时候，我跟着这首歌唱了十几分钟，我哭了……大半夜四点我一个人在那儿嚎啕大哭，我觉得中国太不容易了……"在介绍吴军的创作经过和他的采访时，《歌唱祖国》的管弦乐激荡着人们的心灵，作者冯健演奏的小提琴独奏《歌唱祖国》的旋律更增添了意想不到的艺术效果和催人泪下的情感冲击力。

任何艺术作品都是表达情感的，写人就要写情，以情感人。同时，音乐在《专题音乐节目》中是强调情感的重要手段，这是一切艺术中最强有力的。当人物内心的情感难以用语言表达时，音乐就是表达人物内心细腻感情的最好的方式。这些感人的细节，加上动情的音乐使作品进一步升华，达到了感人至深的境界。

在《梦想的旋律》中有许多感人的画面。在回顾 2001 年 7 月 13 日那个难忘的不眠之夜时，聚焦在两位老人身上，一位是何振梁，另一位是中国台北奥委会主席吴经国。当萨马兰奇宣布北京为 2008 年奥运会主办城市时，吴经国从座位上跳起来，冲向国际奥委会副主席何振梁，他们情不自禁地紧紧拥抱在一起。申

奥成功的喜悦使吴经国眼里闪耀着激动的泪花，何振梁更是老泪纵横……这时，激动人心的管弦乐轰然而起。此时此刻，吴经国已经按捺不住内心的激动和喜悦，说出了他的心声："我觉得这是全体中国人的光荣，我内心的感受就是中国人一百年来的奥运会争取到了，我想全球华人明天都会疯狂地来庆祝！这可以说是全球华人的最高荣耀，多难得，真高兴！"

这段由语言、音响和音乐交汇而成的声音，突出了广播的特色，突出了用音乐和细节来描绘申奥时的感人场景，为人们展示了一幅栩栩如生的历史画面。最后的这番话出自台湾同胞之口，更为寓意深远、耐人寻味。

感人的细节再加上激动人心的音乐，着重揭示了人物内心深处的情感，人物内心深处的情感有时是最隐蔽的，但是音乐可以把人们内心世界的各种体验和情感准确而细腻地表达出来，充分利用音乐对人物内心加以刻画，可以使作品中人物形象更加丰满，成为有血有肉有感情的人物。

二、用音乐和事实展现奥运会宗旨"和平"

现代奥林匹克运动在一百多年的发展历程中，越来越多的国家，越来越多的人们参与到这项运动中来，在强调"相互理解、团结、友谊和公平竞争"的奥林匹克精神的号召下，人们携起手来，为创造一个和平美好的世界而奋斗。

"和平"是人类永恒的祈愿，从古代奥运会开始，人类就从未间断过呼吁和平，以奥运会的方式表达反对战争的强烈愿望。如何用音乐的形式来体现这一奥运会的宗旨确实是一个新的课题。

在《梦想的旋律》中展现了在北京奥运会期间来自冲突国家的竞争对手俄罗斯和格鲁吉亚获奖运动员

《孤舟》2008年冯健拍摄于印度尼西亚民丹岛

热情拥抱的感人场景。

当格鲁吉亚运动员说到"上个世纪这个世界经历了许多重大战争，我们需要和平！"说完两个人紧紧地拥抱在一起，这时奥运会颁奖音乐扬起，人们为这一感人的场景欢呼鼓掌。这个感人的场景，感动了现场的观众，也让国际奥委会主席罗格感动不已，他说："来自冲突国家竞争对手的热情拥抱之中，闪耀着奥林匹克精神的光辉，希望这种精神生生不息，世代永存，这种超越政治，超越国界的体育精神，让人感动。"

《梦想的旋律》用音乐和事实展现了奥运会的宗旨"和平"，这些活生生的事实和感人的音乐使听者不可能不感到奥运会的宗旨具有普世的价值观，这种奥林匹克精神的具体体现不可能不感动听众。

贵和谐，尚中道，是中国传统文化的基本精神之一。

"天时不如地利，地利不如人和"，孟子的这句名言，突出强调了"和"的地位和价值，中国传统文化本身就是一个追求社会和谐的合和文化。

在《梦想的旋律》中还讲述了谭盾创作颁奖音乐的小故事：开始创作的时候，谭盾苦于找不到"灵感"。有一次谭盾和爱人在上海豫园喝茶的时候，偶然发现古老的城隍庙上有一块匾，这个匾上面写着"金声玉振"，这四个大字反映了中华传统哲学中阴阳平衡、万物和谐的理念。他想：如果用"金声玉振"的音乐呼应"金玉良缘"的奖牌，那不正是奥运的天时、地利、人和吗？这时奥运会主题歌《我和你》扬起，向听众展现了一幅以"和"为主旨的壮美画面。人们也感受到了和平的渴望和力量。

中国传统文化不仅是中华民族的，也是世界的，

北京奥运会不仅是中国的，也是世界的。《梦想的旋律》通过音乐和事实描绘了中国传统文化为北京奥运会谱写的华章，为奥运会的和平理念展示出绚丽多彩的无穷魅力。

三、以音乐作品为基础，体现人类的"梦想"

北京奥运会的口号是"同一个世界，同一个梦想"，它以最简洁的方式，表达了最丰富的内涵。它集中体现了奥林匹克主义的精神实质和普世价值。这就是"团结、友谊、进步、和谐、共同参与、同享和平的梦想"。它表达了世界各国的朋友们在奥林匹克精神的感召下，追求人类美好未来的共同愿望，也展示了中华儿女面向世界的博大胸怀。

《梦想的旋律》就从"梦想"中切入，在"梦想"上做文章。每个人、每个民族都有自己的梦想，作曲家叶小纲实现了要为中国举办的奥运会写一首钢琴曲在开幕式上演奏的梦想。

1984年洛杉矶奥运会开幕式，八十多台钢琴一起演奏格什温的《蓝色狂想曲》，气势宏大。这极富想象力的旋律让叶小纲心潮澎湃，思绪万千。他当时就想，有朝一日中国办奥运，自己也要写一首钢琴曲在开幕式上演奏，让他万万没有想到的是二十四年前的梦想竟变成了现实。在北京奥运会开幕式上，郎朗演奏的钢琴曲《星光》就是由叶小纲创作的。

钢琴家郎朗的梦想也在奥运会中得以实现。他说："当时的感觉就像是做梦一样，为了这个时刻，我等了三年，也准备了三年，虽然我参加过许多重大演出，但这次感觉完全不同，这次不仅仅是奥运大家庭的聚会，也是中国人一个伟大梦想的实现。"郎朗也实现了在家门口举办奥运并在奥运会上演奏的梦想。

演唱《我和你》的演唱者刘欢也谈到了梦想。刘欢接到北京奥组委邀请以后，他的第一反应就是兴奋。他认为这首歌是东西方文化交融的成果，就像歌里所唱的那样，全世界是一家人，它是一种纯真，一种祥和，一种希望，一种梦想。

通过音乐和事实的有机结合，"梦想"这一主题在节目中得到了形象的诠释，使节目的立意得以升华。《梦想的旋律》这个以奥运为题材的音乐节目能取得如此的突破，和选准这样一个独特的视角密不可分。

珍贵的音乐素材是作品的基础。音乐节目是声音的艺术，要想做出精品，高质量的音乐不可忽视。这部作品以四部音乐作品作为主体架构：女童领唱的《歌唱祖国》、郎朗演奏的钢琴曲《星光》、谭盾作曲的《颁奖音乐》和北京奥运会主题歌《我和你》。这些作品旋律优美，形式多样，在音乐创作和表演上具有世界一流水准，富有艺术感染力。例如《我和你》不但有刘欢、莎莱布莱曼演唱的版本，还有大提琴、小提琴演奏的乐曲，以及用交响乐队演奏的版本。这些版本都是由这些作曲家提供的母版来进行制作的。优美的音乐和解说词相结合如行云流水，水乳交融，产生了强大的艺术感染力，为整部作品的可听性和欣赏性奠定了基础。

《梦想的旋律》有三个高潮，一波未平，一波又起，层层推进，环环相扣，充分发挥了广播的特色。音乐、音响各种手段营造了一个又一个的高潮，产生了强大的情感冲击力。通过一个个感人的画面，激发出视觉的想象空间。用音乐的旋律描绘了奥林匹克的宗旨和精神，突出了"同一个世界，同一个梦想"的主题，体现了人类追求和平和友谊的美好愿望。

获奖音乐节目综述

冯　健

在 2008 年北京人民广播电台优秀节目评选中，音乐广播的获奖节目题材广泛，立意深刻，节目形式有所创新，表现手法有所突破。这些节目以小见大，角度立意高新，题材选择巧妙，对重大题材的节目创作热情高涨。音乐广播从台领导到全体编播人员对创优节目都非常重视，台里每年都要组织采风活动，到基层、到一线去采访，让大家开阔思路，开阔眼界，寻找创作的灵感。获奖本身并不重要，重要的是通过节目的获奖，对这些节目的创作思路、制作手段，在遵循音乐广播规律的基础上进行一番思考。

一、以小见大，民族风格节目有新意

弘扬民族文化是音乐广播永恒的主题。越是具有民族性的，也就越是具有世界性。在艺术上越是具有本民族特色并且不为其他民族所具备的，就能获得世界性的认可。

张欣编辑的《用母语歌唱的孩子们——访五彩呼伦贝尔儿童合唱团》获得三等奖。通过五彩传说合唱团在北京演出的音乐会，展现了这些来自内蒙古大草原孩子们活泼可爱的歌声和表演，传达了豪迈、坚强、深情、忧伤的民族气质。这部作品编辑手法简练，风格朴素，取得了以小见大、窥一斑而显全貌的效果。

2007 年 8 月这个合唱团在北展剧场演出，演出前在幕布上显示出这样的文字："这不是一台普通的晚会，他们也不是在表演，他们展示的是父母、祖父母、祖辈的传承……"从那一刻开始，张欣就被打动了。观看了他们的演出，她对导演、老师和孩子们进行了采访，由于当时没有正版的 CD，不可能做成节目，但当时张欣就想，这些能打动我的音乐将来也一定能打动别人。

2007 年担任北京市器乐大赛评委

2011 年在瑞士瓦格纳纪念馆

2008年五彩传说合唱团再次来北京演出。这时他们已经有正式的CD了。张欣整理了2007年的采访，再结合2008年她在演出中的感受，做出了这期《专题音乐节目》。可以说在近一年的时间里，张欣同五彩传说合唱团接触的过程中，经过了一个从感性到理性分析，再从理性到感性表达的一个积累，在节目中既有感性描述，又不乏理性思考。这台音乐会将音乐、舞蹈、故事和多媒体手段结合在一起，它从后现代意识和现代审美的角度出发，解读了呼伦贝尔四个民族的传统文化。在音乐上，它把传统民歌与西方和声巧妙地融合在一起，保持了民歌的原汁原味，结合孩子们的特点和现代舞台表演的需要，让音乐更丰富，向人们传递了对自然生态保护和文化生态同样重要的观念。

这些孩子们自然、清新、动人的歌声打动了听众。歌声一起，这些孩子立刻失去了年龄，千里草原上最稚嫩的歌声和最苍老的旋律在共鸣。这部作品从心灵和听觉上都带给听众强大的冲击力，也正是这部作品的艺术魅力之所在。

王鸿燕编辑的获得三等奖的专题音乐节目《重返原生态》，是一部弘扬中华民族文化的作品。它的内容涉及三部原生态电影、一台大型民族歌舞晚会，从不同角度给予了原生态话题立体而丰富的阐述。

经过编辑半年多素材的积累，内容选择在"2008年北京奥运重大文化活动"之一《多彩贵州风》原生态电影《鸟巢》等。她采访了贵州省文化厅副厅长、原生态电影导演、民族歌舞总编导，中国最后一个持枪部落——岜沙的当地人。将这些不在同一时间、地点、从不相识人物，通过对民族原生态文化、生活观点的认同，运用声音蒙太奇巧妙结合的手法，碰撞出思想火花，

最终形成了一场六个人在同一时空的对话。

王鸿燕曾经是访谈节目主持人，她非常注重当事人的讲述，主持人串联词只作为节目架构，被采访人的语言充满了生动和情感，更增加了节目的可信度和可听性。

这部作品的音乐分别来自贵州原生态和根据原生态唱法改编的音乐，还有描述原生态的旋律，电影原声音乐等。经过编辑二度创作，音乐、语言水乳交融，旋律空灵婉转、宏大壮丽，使人犹如置身于空中的民俗博物馆，展现了我国贵州少数民族地区独特的民俗画卷，给人极大的感染力和震撼力。

世界上任何一个民族，都珍惜自己的音乐文化，极力保存和发展它。民族音乐是一种具有强大凝聚力的文化。如何正确认识民族音乐在广播中的地位和作用，如何向听众介绍民族音乐，这两部作品给人以一种新的启示。

二、视角独特，挖掘题材有深度

歌德曾经说过："有什么比题材更重要呢？离开题材还有什么艺术呢？如果题材不合适，一切才能都会浪费掉。"

做节目题材选择是前提。但同时，角度的选择，对题材的深化也会起到重要作用。

2008年是中国改革开放30年，各种媒体都在以不同的视角集中反映这一重大主题。作为音乐广播，我们自然有独特的视角，因为在人们的记忆中，总有一些熟悉的歌声回荡在耳边，伴随着30年的历程，难以忘怀。刘慧编辑主持的获二等奖节目《歌声中的三十年》，以歌曲为标志，记述了中国30年的变化。作品题材新颖，视角独特，深入浅出，用改革开放30年进程中有影响

力的音乐风云人物的讲述，为听众打开记忆之门，反映了改革开放给中国的音乐事业以及整个国家带来的深刻变化。作品讴歌了改革开放的伟大时代，对振奋民族精神，陶冶道德情操，提高审美情趣，丰富文化生活，起到了积极的作用。

杜渐微编辑的二等奖作品《飞逝的花瓣——纪念作曲家瞿希贤》，以纪实的手法，讲述了我国著名作曲家瞿希贤的艺术生涯。这部作品切入角度非常新颖巧妙。节目是这样开始的："2008年3月19日的晚上，我坐在电视机旁，看央视三套正在直播的第十三届青年歌手大赛合唱单项决赛，当总政直属代表队合唱团的一位团员抽到听辨问答题后，现场响起了高亢激昂的歌曲《全世界无产者联合起来》。选手经过紧张的思索说出了歌名，但曲作者是谁，他没有回答出来。此时，作为评委的作曲家徐沛东却悲痛地说：'当你抽到这个题的时候，我的心情很沉重……'中国现代最优秀的女作曲家瞿希贤逝世的消息，就这样，以极独特的方式传遍了中国。"

以瞿希贤逝世的消息为开始，以纪念音乐会为主线索，在节目中穿插瞿希贤创作的经典作品《听妈妈讲那过去的事情》，整部作品感情真挚，结构紧凑，使人在情感的冲击中产生共鸣，是一部思想性、艺术性、欣赏性较强的专题音乐节目。

三、创新性强，重大题材有突破

节目创新是主创人员在选题和素材处理以及整合技巧方面主观能动反应，主要表现在选题、观念、选材、构思、语言、手法创新等几个方面。音乐广播历来对重大题材的选题都非常重视。2008年的重大事件有四川发生的汶川大地震和中国成功举办奥运会，要使我们的

节目对这些重大题材的反映有新的突破，我们的创作必须要有强烈的创新意识。

国有殇，民有哀。一个国家最大的悲哀，莫过于人民遭受苦难，民哀即是国哀。有爱才有哀，有哀才有爱。赵爽编辑的获二等奖的节目《生命的咏叹》，是描写5·12大地震的作品，表达的正是这样的主题。作者怀着神圣的职业责任感，深入到灾区采访，带着巨大的悲痛进行创作。节目中，孩子们撕心裂肺的哭泣声，失去亲人的采访对象痛苦的哽咽声，震撼着听众的心灵。作品并非只记述苦难，而是力图用音乐去咏叹人性之美和生命之光，讴歌中国人民在大灾大难面前表现出的巨大爱心和勇气。整个作品感情深沉，构思新颖，手法创新，正如专家所说："作者是含着眼泪来咏叹生命、讴歌抗震精神，自己也在精神层面得到了一次洗礼！"

获得2008年北京电台优秀节目一等奖的《梦想的旋律》，以创新的精神、独特的视角、磅礴的气势、独特的音响和丰富的内容，充分发挥了广播的特长，用音乐表现了北京奥运会这一重大题材。

为了做好这部节目，作者在奥运会开幕式结束后，走访过包括出租车司机、小商贩、个体老板、大企业董事长和总经理等在内的许多人，就问他们一个问题：这次奥运会开幕式最让你感动的是哪一个情节？很多人说，最让他们感动的是小女孩演唱的《歌唱祖国》。当歌声响起时，许多人热泪盈眶，感受到作为中国人的自豪！

于是，这部作品就从著名指挥家谭利华说这首《歌唱祖国》开始："听的时候，让人非常感动，甚至有一种想落泪的感觉。我和乐团每一个成员都非常感动，而且印象太深刻了，是多少年来很少有的一种感觉。通常大家以为，这是一个非常宏大的场面，那种雄壮地、

展现一个大国风范的乐曲和一个情结将展现。但是它恰恰相反，用那种童声的、稚嫩的，那种天籁般的声音，演唱了一首大家都非常熟悉的进行曲的歌曲，让人出乎意料，而且，产生的感染力应该说是非常强大的。"这几句话紧紧抓住了听众。

这部作品以梦想为主题，用纪实的手法，精选了具有典型性和情感冲击力的10个人的讲话录音，从申奥成功之夜全球华人狂欢的场面到奥运会、残奥会令人难忘的历史瞬间，真实地反映了当时的场景和一些鲜为人知的故事。同时，作者以四部音乐作品为主体架构：女童领唱的《歌唱祖国》；郎朗演奏的钢琴曲《星光》；谭盾作曲的《颁奖音乐》和北京奥运会主题歌《我和你》。这些作品旋律优美，形式多样，在音乐创作和表演上具有世界一流的水准，极富艺术感染力。《我和你》不但有刘欢、莎莱布莱曼演唱的版本，还有大提琴、小提琴演奏的乐曲，以及交响乐队演奏的版本，这些版本都是由这些作曲家提供的母版来进行制作的。

优美的音乐和解说词相结合，如行云流水，水乳交融，产生了强大的艺术感染力，为突出作品的主题，提高可听性、欣赏性奠定了基础。

《梦想的旋律》设计有三个高潮，一波未平，一波又起，层层推进，环环相扣，充分发挥了音乐广播的特色，用声音和旋律营造了一个又一个感人的画面，不断激发听众的想象空间，产生了强大的情感冲击力。作品歌颂了奥林匹克的宗旨和精神，突出了"同一个世界，同一个梦想"的主题，展现了人类追求和平和友谊的美好愿望。

综上所述，这些带给听众艺术享受、使人受到鼓舞和启示的获奖作品，凝聚了音乐广播全体编播人员的心血、智慧和才华，代表了一个台的整体水平。我希望通过这种评比和对获奖作品的分析，带动大家积极思考，培养钻研业务的良好习惯，不断调整我们的知识结构，促进业务能力和制作水平进一步提高，为听众创作出更多有思想内涵、有生活气息、精益求精的艺术佳作。

《好望角》2013年冯健到南非采风时拍摄

大师风范 真情感人

——获奖节目《送别》创作体会

冯　健

北京音乐广播选送的专题音乐节目《送别——献给杰出的小提琴教育家林耀基教授》，以感人的情节，深刻的思想内涵，荣获第十二届中国广播文艺音乐节目一等奖。这部作品通过音乐、音响和语言表现手法，真实地再现了林耀基丰富而平凡的事迹和情感，给人以震撼和感动。它不是用概念，而是充分发挥了广播的各种形式，展现了作品的艺术魅力。

1972 年冯健演奏《贝多芬 D 大调小提琴协奏曲》
钢琴伴奏：黄孝达

一、形象感人，故事生动

我从小学习小提琴，对小提琴有特殊的感情。我听过林耀基教授的课，他的为人以及他对音乐和学生的挚爱使我深深地感动。当我得知林耀基教授突然离世，便萌发了一个想法，一定要做一部《专题音乐节目》，让世人知道这位大师的感人故事。从中央音乐学院举

办纪念林耀基教授音乐会，到人们去八宝山送别，我一路跟踪采访，记录下了很多珍贵的音响，掌握了大量的第一手资料。

有人把听广播形容成是在欣赏"音外画"。因为广播和电视比，它不那么一览无余；和报纸比，它又给受众提供了空间、时间等特定环境。广播的现场感很耐人寻味，是我们从事广播工作的人引为自豪的。正是因为有这些特质，使得这部作品真实感人，具有画面感。

在追悼会上，人们对这位德高望重大师的离去深感惋惜，前来送别的不仅有中央音乐学院的师生，还有来自世界各地的林耀基的弟子，以及众多音乐界著名人士。著名钢琴家刘诗昆和林耀基 20 世纪 60 年代一起去莫斯科留学，在接受采访时，他充满伤感地说："他是个非常杰出的音乐教育家、小提琴教育家。他最大的贡献就是对中国小提琴教育事业的贡献。他是中国小提琴音乐的一个划时代的开拓者。因为他培养了这么多学生，带动了我们整个国家的小提琴事业。这么多小提琴学生在国际上给国家争了光，争了荣誉。那么他爱学生就是爱他的国家，这是统一的。"

刘诗昆的话，说得情真意切，高度概括了林耀基的一生。在林耀基的努力下，中国的小提琴演奏艺术在国际上的地位得到了空前的提升。他培养的学生在国际小提琴比赛中获得了四十多个奖项，其中有十多

118

项冠军金牌。他被誉为"冠军教授"和"采矿大师"。

在节目中，他的学生胡坤讲述了这样一个感人的情节：1980年11月，林耀基和后来成为我国第一位在国际小提琴比赛中获奖的胡坤，到芬兰去参加第四届西贝柳斯国际小提琴比赛。第一天比赛胡坤引起观众轰动；第二天，芬兰报纸刊登了"轰动了赫尔辛基的中国少年"的报道。经过艰苦的决逐，胡坤进入决赛，林耀基激动得彻夜难眠。当时芬兰零下20度，到处冰天雪地。林耀基对胡坤说："从现在开始，你的小提琴我来提。"他生怕胡坤摔倒伤了手。看到旁边的建筑有脚手架，他说："胡坤，你千万不能从下边走，上面要是掉下一块砖会把你砸到的！"胡坤说到这些情景时，显得十分激动。他说："当时每一轮比赛林老师都是眼泪哗哗的。中国大使馆的人非常支持，他们都来听消息，把我们几个人抱在一起，那个场面可以说都无法用语言来表达。"此刻在作品中，激动人心的《勃拉姆斯D大调小提琴协奏曲》轰然而起。

这部作品无论是音乐还是语言，在细节处理上颇见独到之处，使故事更加生动，人物形象更加传神，尤其是那些能突出节目主题和揭示人物思想情感、性格特征的典型细节，作品将音乐和故事水乳交融地融为一体，寓情于音乐，寓情于故事，用音乐带动故事的发展，用故事讲述林耀基心中的大爱。

林耀基不是著名的歌唱家，也不是著名的作曲家和演奏家，但他的去世，正如一位小提琴教师所说："对中国的小提琴界来讲，不亚于一次'5·12地震'。"人们为失去这样一位德高望重、和蔼可亲，又深谙小提琴教学之道，桃李满天下的音乐家痛心疾首，无限惋惜。那天送别仪式上，我看到有一千多人来为他送行。

他的学生们长久地跪在他的遗体前不愿离去。这些场景深深地感动了我，在我们的节目中真实地展现出来。

2009年冯健在中国农业大学演出

二、充分运用广播手段

作品《送别》中充满了人间高尚、美好的情感，叙述动人，情节感人。它能得到听众和评委的好评，和它充分调动广播手段，把音乐、语言、音响有机结合在一起直接相关。

节目一开始，用的是小提琴曲《沉思》来描绘林耀基告别仪式上的场景。这首小提琴曲是林耀基生前十分喜爱的乐曲。静卧在鲜花丛中的林耀基面容安详，犹如在睡梦中。他的遗体下摆放着他心爱的小提琴。没有沉痛的哀乐，小提琴曲《沉思》委婉抒情的旋律在空中飘荡。这时出现了人们的脚步声和哭泣的声音，把人们带入了告别仪式的氛围中。

这首小提琴曲还出现在2008年百名地震灾区学习音乐的孩子们来北京参加夏令营的场景中。当时，林耀基和学生袁琤儿一起到营地，为灾区学小提琴的孩子义务辅导。在地震中失去了父亲也失去了小提琴的北川中学学生蒋承欢，拉琴时一直在抽泣，激动的拉不下去。林老师不忍心打断她，默默地拿起了袁琤儿带来的琴，

《石头阵》2010 年冯健拍摄于英国索兹伯里

接着蒋承欢继续把作品拉完。林老师还特别深情地对蒋承欢说："你们很坚强，我要向你们学习，我很长时间都没有拉琴了，今天，我的这首乐曲是专门给你拉的。"

节目中用了林耀基当时的讲话："你们是了不起的灾区小孩，给我们上了很好的一堂课，我们向你们学习！音乐就能够起这样的作用，要学会坚强！"这时小提琴曲《沉思》感人的旋律再次扬起，达到感人至深的意境。如果没有林耀基当时讲话的音响，这段故事的真实性和感染力就会大打折扣。《专题音乐节目》的魅力首先在于真实，只有在真实的基础上才会感人，才会真正地突出专题音乐节目的特色。

林耀基的教学富有鲜明的哲理性，世界著名小提琴教育大师迪蕾评价林耀基的教学是艺术的哲学，哲学的艺术。他的课清新醺畅，深入浅出，总是用最简单的话说出最深刻的道理。他经常说："让他把技术踩在脚下，灵魂高高在上，技术低低在下，他就可以吸入很多文化，这样才能成为音乐大师。"他还说："音乐和技术不是一回事，音乐包括技术，但是技术不能包括音乐。"

这些话要是专业人员一听就懂，但如果不是搞音乐专业或小提琴专业的听众，可能越听越糊涂。怎样把这些比较专业的语言通过广播节目让绝大多数听众听得明白，听得进去，在做节目时我确实动了一番心思。在节目中，我放了一段林耀基生前在上课时谈音乐和舞蹈感觉的录音，他一边讲一边在课堂上跳舞，学生们开心地哈哈大笑。这段录音活灵活现地展现了林耀基上课的特点，使听众很自然就能明白音乐和技术之间的关系。

被誉为北京神童的杨天娲，13 岁就已经成功登台和录制了帕格尼尼的《二十四首随想曲全集》。而帕格尼尼的这部高难度惊世之作被称为"小提琴演奏的试金石"。杨天娲的成功在世界上引起了震惊，这正是林耀基教学方法成功的体现。每当杨天娲演奏《帕格尼尼 D 大调小提琴协奏曲》的时候，林老师富有节奏感的脚步就会在她的脑海中出现："有时候真的突然一下就醒悟过来了，就是因为看他脚步！"杨天娲回忆说。事实证明了林耀基教学的科学性、哲理性和独特性。在我们的专题中，伴随着这段回忆的就是《帕格尼尼 D 大调小提琴协奏曲》的旋律，感人的音乐可以渲染气氛，让听众享受到音乐的美；精练的语言和音乐、音响的有机结合，使节目富有画面感和广播特色。

三、真实再现大师风范

这部作品的魅力在于真实，大量真实生动的音响素材，充分展现了林耀基心中对祖国、对音乐教育事业、对学生无比热爱的大师风范。

林耀基的学生胡坤在国际小提琴比赛中获奖后，林耀基非常兴奋，以至于难以承受这种成功的喜悦，心脏病犯了，在医院住了一个多月。但是每说起他的学生，他的心中就充满了幸福和快乐。他说："我有高血压、心脏病、糖尿病，但我的观点就是尽量不要活在疾病的阴影当中。我把我的幸福和学生连在一起，音乐学院在外面给我好房子我都不会去，因为我跟学生在一起最快乐。胡坤零的突破，以后还有很多学生得奖，见证了我们新中国小提琴发展的一个进程。"

这不多的几句话，充分展现了林耀基的人格魅力。生动细腻的人物刻画，独具匠心的叙事策略，寓情于乐的表述风格，使这部作品主题突出立意深远。一部成功的音乐专题，不是简单地停留在对人物、事件的平铺直叙上，而是尽可能多层次、多角度深入发掘人物的内心世界、心路历程，展现其艺术才华，昭示其精神境界。

林耀基全身心地投入到中国的小提琴教育事业，坚持每天去教室巡视，看学生们练琴。在生活上他对学生关爱备至，有的学生吃不惯食堂，他就把学生拉到家里吃，有的学生一时住宿困难，他就干脆把学生当儿子养，食宿全包。在告别仪式现场，《小演奏家》杂志主编凌紫哭着对我们说："他对学生真的是爱到了极致。每一个学生，大家看得到，刚才这些跪拜的学生，他们跟林老师的感情，真是情深如父子！"当

时那种气氛，凌紫哭得像个泪人儿，说了很多话，但最让我感动的就是以上这两句。果不其然，在节目中，这段采访感人至深。在制作这部作品之前我就坚信，语言不要太多，自然流露的感情会比什么来的都真、都浓。

节目要生动，就需要许多真实、生动的细节去丰富。一个好的细节在一部作品中就像是一颗闪光的珍珠。有时作品内容记不清了，可细节却永远忘不掉。好的细节不仅应当突出真实性，还应当能够深刻地表现人物的内心、个性，甚至起到描绘环境、渲染气氛的作用。

在送别林耀基时，我还采访到了中央音乐学院教授左因，她和林耀基一起在原苏联学习了两年。说起林耀基，她感到自豪，对他的去世倍感惋惜。她说："我们这一代人以他为自豪，所以我特别地觉得可惜呀！我们俩在管弦系一直在一起。他对教学、对学生那种爱真是令人尊敬。我们俩经常在院子里聊天，只要见面，他就从自行车上跳下来，就讲我的学生怎么样了，你知不知道我的学生又得奖了。他所有的学生都是他的宝贝，他爱学生、爱艺术、爱事业，真的胜过生命！"

这些话语进一步突出了林耀基教授的大师风范。这部作品采访的人物众多但不杂乱，他们生动的语言从不同侧面、不同角度、不同视点，细腻地展示出一代杰出小提琴教育家的艺术素养、教学水平和精神情操。

专题音乐节目《送别》，从总体构思、视角的选取、细节的捕捉，到音乐、音响、语言的浑然天成，给听众一种艺术享受和启迪，极大地拓展了听觉空间和思维空间，体现了作品言有尽而意无穷的审美意趣，是一部集思想性、艺术性、欣赏性于一体的广播音乐节目精品。

2012年《永远的电波》在上海东方畅想全球华语广播创新节目大赛中获奖

《永远的电波》创作谈

冯　健

　　由北京音乐广播选送的专题音乐节目《永远的电波——献给人民广播70周年》，在第十三届中国广播文艺音乐节目评选中获得评委一致好评，全票通过，获得一等奖。

　　这部作品是音乐广播为人民广播事业创建70周年精心制作的《专题音乐节目》。作品选用了一些具有历史意义的典型事例和激动人心的音乐，视角独特，气势宏大，内容丰富，真实感人，以大气磅礴的音乐和鲜活的语言、音响，展现了人民广播70年光辉的发展历程。

一、巧妙开篇，用声音展现画面

　　一部好的作品能否在节目开始的几分钟内"抓住听众的耳朵"，是广播作品成败的关键。因此，广播作品应当把最重要、最精彩的内容放在前面。如果开篇不着边际，下笔很远，节奏缓慢，"开门不见山"，是很难吸引听众的。

　　我在构思这部作品开头时曾有多种方案，但最终采用了广播在汶川地震中发挥作用的场景。当地震发生后，灾区的所有通讯中断，中央人民广播电台很快播出了第一条汶川大地震的消息，震撼了全中国每一个人的心。当时，广播成为党中央指挥抗震救灾的重要手段，收音机成为灾区人民了解外界情况的唯一途径。为了能及时得到外界消息，根据中央军委的指示，救灾部队每人配发一台收音机。

　　根据这一思路，我采访到了中央人民广播电台记者郎峰蔚。她非常激动，仿佛这些事就发生在昨天。她说："当时是地震的第二天，我们到了漩口中学的临时避难点，看到我们进去，很多孩子扑过来就哭了，说：'能不能告诉我爸爸妈妈，我们在这里还活着。'我们当时就让所有孩子把自己父母的名字写下来，然后在广播里通过直播第一时间告诉给他们的父母。后来我们才知道，很多他们的亲人，整日整夜地都守在广播前，希望能从广播里听到他们亲人平安的消息。"

我想，任何人听到这段采访，不可能不为当时的场景所感动，每个孩子都会让他们的父母牵肠挂肚，当他们从广播中听到自己的孩子平安的消息时，那种激动的心情是无法用语言形容的。广播在那场特大灾难中发挥了独特的作用，不用过多的语言描述，开篇就直奔主题，使人有一种身临其境的感受，抓住了听众的心。

在采访中郎峰蔚还说："我记得直升飞机降落在河滩上，刚刚做完报道，突然看见从下游山的另一侧转过来一面迎风招展的红旗，我当时激动得眼泪哗的一下儿就下来了，一路路的人民子弟兵，正在向这里开进，我们不断地通过电波告诉人们：人民子弟兵正在从空中、从水上、从陆地，多路地往灾区里面赶，在大规模地到这里开始救援。"

在这段采访中，我选用了管弦乐《大地安魂曲》。通过采访和激动人心的音乐，描绘了在灾难面前中国人民万众一心、同舟共济的感人场景，用声音展现了这一难忘的历史画面。

二、气势宏大，用音乐述说历史

2010年12月30日，是中国人民广播事业创建70周年纪念日。70年前延安新华广播开播的第一声，标志着中国人民广播事业从此登上历史舞台。当年电台传播真理的声音，被当时的进步人士、青年学生赞誉为"茫茫夜空中的灯塔"。

专题音乐节目《永远的电波》，通过大量丰富、翔实的资料和珍贵的音响，真实地再现了人民广播创建和发展的历史，讴歌了老一辈广播工作者艰苦奋斗、无私奉献的精神。

节目中巧妙地运用竹笛奏出优美的陕北信天游旋律，一下儿把人们带到了人民广播的发源地延安西川的王皮湾。

我曾经到过王皮湾，搜集到了大量的历史资料，当年延安新华广播电台播音室只有一张木桌、一只话筒和一架老式留声机，人民广播就是在这么简陋的条件下创建、发展的。当我得知冼星海的《黄河大合唱》就是通过延安新华广播电台第一次向国内现场直播的情况，就决定要让这一重大事件在节目中展现。我找到了当年参加《黄河大合唱》老歌唱家孟于的录音，现在听起来仍然让人激动。她说："我是1939年到延安的，后来演唱了冼星海同志指挥的《黄河大合唱》。当我在台上唱《黄河大合唱》以后，泪流满面，激动得不得了，那些蒋管区来的先生们上台就和星海拥抱啊！这部伟大的作品太感人了，作为一个合唱队员站在里头，感觉到《黄河大合唱》音乐的力量是那样伟大，使我和民族的苦难和祖国的命运联系在一起。"

孟于说得情真意切，十分感人。《黄河大合唱》唱出了中华民族不屈不挠的民族精神，鼓舞了当时中国人民的士气，是一部不朽的音乐作品。特别是通过广播，很快传遍了全中国，展现了广播在当时所起到的重大作用。

. 2010年冯健和导演甲丁
. 采访中央人民广播电台播音员杨波
. 采访中国人民解放军军乐团团长于海

4. 采访中国传媒大学赵玉明教授
5. 采访中央人民广播电台记者郎峰蔚
6. 采访中央人民广播电台播音员郭静

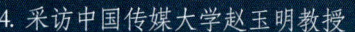

开国大典是人民广播最具代表性的一幕。当时没有电视和网络，广播是唯一现场转播的载体。当时站在天安门城楼上播音的是北平新华广播电台播音员丁一岚和齐越。当我找到丁一岚在天安门城楼上现场直播的音响时，欣喜若狂，这一段录音清晰干净，展现了老一代广播人的风采，尤其是丁一岚说到"国旗已经上升到旗杆的顶尖，开始在人民首都的晴空里迎风招展，它象征着中国的历史从此开始了一个崭新的时代，我们的国旗五星红旗将永远地飘扬在人民祖国的大地上"时，我们节目中管弦乐《红旗颂》激昂的旋律轰然而起，充分展现了这一让人难以忘怀的历史画面。

历史是用许多事件组成的。有了广播以后，声音也是历史的组成部分之一，并且越来越成为重要的组成部分之一。《永远的电波》就是用很多的历史音响和音乐、语言，此起彼伏，交相辉映，恰到好处地引起听众的兴奋点，为节目增添了许多色彩。

一部优秀的广播作品要能给人以新意，使人回味，除了准确的概括之外，还必须有感人的细节和动人的情节。在这二十几分钟的节目里，对人民广播七十年的阐述详简得当，剪裁得体，简则简到几句话就跨过一段历史，详则详到不惜用相当的篇幅写一个人的感受。

丁一岚是人民广播事业比较有典型性的人物，从1945年投身到人民广播事业中，一干就是40年。1992年丁一岚不幸患肾衰竭。当我采访她大女儿邓小岚时，她悲伤地说："妈妈说临终前给我播放一曲《延安颂》，让我的灵魂回到那火热的青春时代，满足我这一要求，这对我是最大的安慰。我听人家说，人最后消失的是听觉。我就赶快回家，把《延安颂》的磁带带到医院去给她放。我这样希望，我也相信她最后能听到这首歌，

能够伴着这首歌远去。"

这段采访真切感人，催人泪下，充分展示了一位广播人对事业和理想的追求。当优美、激扬的《延安颂》歌声响起时，能够立即把听众带进那个历史时代，使得这部作品给人以内在的震撼和感动。

三、既有鲜活的现实感，又有厚重的历史感

在制作专题音乐节目《永远的电波》时，我力求让这部作品在时空交错、延伸中拓展听众的想象力，加深加厚故事的广度和力度。整部作品将音乐、语言、音响水乳交融，时而现实，时而历史，使人感到既有现代的时尚又有岁月的沧桑。

优秀的广播节目用声音诉说岁月、记录历史的同时，还能撼动心灵。在我的记忆中，当年中国成功发射第一颗人造地球卫星是在广播中听到的《东方红》乐曲，这一重大事件给人们留下了深刻的印象。我采访到了原酒泉卫星发射中心主任刘明山将军，他谈到当时的情景还是那么兴奋。他说："如果这次卫星发射成功了，让全世界人民能够听到从我们卫星上发出的《东方红》乐曲，那意义就非常深远了。我们是在卫星测控站接收下来之后，用录音带录好，然后派了专机送到北京，送到广播电台进行广播的，那时候广播成了我们一个非常重要的生活组成部分"。

在制作节目时，我把当年人们在大街小巷欢呼雀跃狂欢的音响和从太空中传来的《东方红》乐曲融会在一起，用我自己演奏的小提琴乐曲《东方红》伴随着刘明山将军的采访，立即把听众带进那个令人激动的历史时代。巧妙地运用当年的音响资料，用如泣如诉的小提琴曲衬托采访对象的声音，丰富和延伸了作品的内涵，使这部作品更显得色彩斑斓，让人回味。

改革开放以来，人民广播与时代同行，构架起现代信息传播的广阔时空，以独特的传播优势发挥着不可替代的作用，为人们展现了一个绚丽多彩的世界，产生了强大的感召力。

在节目中展现国庆 60 周年现场直播的场景，振奋人心，让人热血沸腾。节目中出现的礼炮音响和武警战士的护旗队伍的脚步声交相辉映，震撼人心。由 1300 人组成的联合军乐团，2500 人组成的合唱团和 250 人组成的民族打击乐团演奏演唱的歌曲《今天是你的生日》，响彻在天安门广场的上空。这气势磅礴、永载史册的盛世庆典，通过广播传到大江南北，传到全中国，传到世界各个角落。现场转播的音响和 60 年前开国大典的现场音响形成鲜明的对比，证实了人民广播发展的光辉历程。正如节目中著名人民广播史专家赵玉明所说："七十年来，中国人民的广播事业可以说是由小到大，由弱到强，经过新中国的建设，特别是改革开放以来的发展，中国人民广播的声音响遍全国，响遍全世界，中国已经由一个广播的小国、弱国，变成了一个广播的大国。"

我在采访国庆 60 周年晚会执行总导演甲丁的时候，他还讲了这样一段话："十一的那天晚上，有很多人是通过广播感受到共和国在那一个时刻的那种兴奋和喜悦，我觉得他们的心跳一定是跟国家的脉搏，通过广播在一起跳动。"在制作这段场景中，我把当时人们在广场上高呼"祖国万岁"的音响和谭晶、廖昌永演唱的《今天是你的生日》的高潮部分融会在节目中，达到了感人至深的效果，增强了冲击力和震撼力。

专题音乐节目《永远的电波》资料丰富，广播手段运用独具匠心，紧扣时代的脉搏，力求使听众能通过这部作品追忆广播，感受广播，畅想广播。以人民广播为中心，通过点线结合娓娓道来，展现的是层次清晰而又丰富多姿的立体图景，既有鲜活的现实感，又有厚重的历史感，饱含着当代广播人对人民广播事业开创者的崇敬之情。作品策划周密，采访全面，音响丰富，制作精巧，可听性强，是一部用广播手段展现广播历程的精品。

2009 年冯健在中国地质大学演出

浅谈《专题音乐节目》

冯　健

《专题音乐节目》是以音乐为主要手段来表现特定主题的一种节目形式，是主题明确、结构完整并具有一定思想深度和艺术欣赏性的节目。它能充分调动广播手段，也最能发挥音乐编辑的才能。

2013年冯健在中国传媒大学讲课

一、《专题音乐节目》的特征与分类

《专题音乐节目》在广播中占有重要位置，它不同于一般的欣赏性、娱乐性、实况录音、现场直播等节目，而是以一个特定的主题加以烘托、渲染、描绘、介绍、评论、分析、概括，最后合成一个独立的、完整的节目。

《专题音乐节目》的内容必须真实，时间、地点、人物、时代背景都必须确有实据，要掌握第一手材料而不能道听途说信手拈来。《专题音乐节目》的文字应具有较高的文学水平，既要通俗易懂、精练准确，又要有感染力，而且要长短适度，不能喧宾夺主、语言多而音乐弱。

在《专题音乐节目》中，音乐应该是作品中的主体，而不是可有可无的点缀和陪衬，那种配乐式的专题节目不能称为《专题音乐节目》。

《专题音乐节目》的分类大致有以下几种：

1. 音乐作品介绍

音乐作品无论是什么体裁、风格、形式、内容都可以制作专题。交响乐、协奏曲、歌剧、舞剧、器乐曲、歌曲，都可以制作成专题，在节目中向听众介绍作品的创作背景、作者生平、艺术成就、演奏演唱技巧、风格特征等各个方面，古今中外的音乐作品浩如烟海，要帮助听众理解作品，欣赏音乐艺术。

2. 音乐人物专题

这类节目主要是通过作品、表演或艺术实践，从各个不同的角度，运用不同手段描绘、评价、烘托、渲染，对作曲家、指挥家、音乐教育家、演奏家、歌唱家、歌手、民间艺人等音乐人物做专题介绍，通过音乐人物的发展历程、人生追求、精神境界、创作体会及艺术成就等，加深听众对他们的了解和对他们作品的理解，以及对艺术创作的认识。

3. 音乐报道

音乐舞台丰富多彩，音乐生活瞬息万变，抓住生动的第一手材料，采录当时当地的音响素材，做成《专题音乐节目》。这类节目既带有新闻性，又不太拘泥于新闻的时效性，而更多地具有音乐的欣赏性；既带有现场感，又不完全局限于现场，而是以特定的音乐活动为由头借以生发与引申。

4. 新闻性《专题音乐节目》

新闻性《专题音乐节目》是对社会上新近发生的事实用音乐形式来表现的一种《专题音乐节目》。这类节目的特点和魅力在于，用最能表现事实的真实细节、生动感人的第一手声音素材（包括语言、音乐、音响），去深刻揭示新闻的本质。在新闻性《专题音乐节目》中，音乐不仅是一种手段，更是节目的基础，因此不仅要把握新闻的规律，还要遵循音乐的规律。新闻性《专题音乐节目》充分发挥了广播特色和优势，是具有听觉艺术的新闻传播形态。北京音乐广播荣获中国政府最高奖的七部作品中，有六部是新闻性《专题音乐节目》：《世纪之约》、《生命因音乐而精彩》、《巡天遥看一千河》、《思想起》、《音乐的宣言》和《梦想的旋律》，可见这类节目的分量和影响。

二、音乐是基础，用音乐来说话

在《专题音乐节目》中，音乐作品是节目的基础，对节目的主题有着强烈的表现作用，在一定意义上决定着整个节目的基调。任何新颖的选题，独特的构思，如果不以音乐为主，该节目也就不能称其为《专题音乐节目》了。

获中国广播影视大奖的专题音乐节目《音乐的宣言》，是一部展现历史画面的《专题音乐节目》，起因于日本民间合唱团专程来华举办音乐会向中国人民道歉这一事件，它犹如一部叙事诗，主线清晰流畅，具有强大的艺术感染力。

在这部作品中就成功地运用了管弦乐《长城谣》，黄河大合唱中的《黄河怨》、《怒吼吧，黄河》，肖斯塔科维奇的《列宁格勒交响曲》，电影《辛德勒的名单》

等音乐作品。音乐带有历史的印记，这些音乐使人产生了一种画面感，引起人们对历史的回忆和感受。

《音乐的宣言》在运用肖斯塔科维奇的《列宁格勒交响曲》时，还播放了肖斯塔科维奇本人六十年前在这部交响曲演出时的一段充满激情的讲话，随后，交响乐高潮轰然而起，使人产生一种难以抑制的情感。那激动人心的乐章使主题升华，一种强大的艺术感染力震撼了听众。真正做到了"用音乐来说话"。

在运用《黄河怨》时，配以当年血腥屠杀遗址现场场景再现的解说，凄惨的人物命运和哀怨的歌声令人心碎，作品以音乐的画面讲述了中华民族苦难的经历。

音乐会最后在日本合唱团的合唱"年轻人啊，你要正视历史"这样的歌声中结束，这时台下的中国观众涌上了舞台和日本演员紧紧地拥抱在一起，观众席上还有人高喊："中日不再战！"

通过这些感人的音乐、感人的场景，使人们对那场战争有了更新的认识，那就是愿"恶魔的饱餐"不再重演，愿世界人民都能过上美好生活，向世界人民传递远离战争、热爱和平的共同心声。

在掌握《专题音乐节目》的音乐和展现节目的主题时，一方面要从音乐素材中寻找产生节目主题的感情和理性基础，发掘节目的主题内涵，探求节目的灵魂，以音乐的特性来表现节目主题；另一方面，要从节目的主题内涵出发，选择音乐作品，发挥音乐作品的艺术感染力，在深化节目主题的同时打动听众。

获中国广播影视大奖的《梦想的旋律》，以丰富的内容，独特的视角，大气磅礴的音乐以及真实的音响，充分发挥了《专题音乐节目》的特点。这部作品用梦想做文章，用音乐和事实来说话，从申奥成功之夜全球华人狂欢的场面到奥运会、残奥会令人难忘的历史瞬间，真实地反映了当时的场景和一些鲜为人知的故事。

有些《专题音乐节目》语言多，音乐作品少，音乐只是作为一种配乐，或者只是象征性地出一点儿，成了可有可无的陪衬；还有些节目音乐效果差，或与节目主题相差甚远，缺乏艺术感染力，这些节目的共同毛病就是没有"以音乐作品为基础，不会用音乐来说话"。

三、大题材巧制作，小题材精制作

歌德在总结一生创作经验时说过一段话："有什么比题材更重要呢？离开题材还有什么艺术学呢？如果题材不合适，一切才能都会浪费掉。"同样，《专题音乐节目》的制作，题材的选择也是非常重要的。

从各级评奖的获奖名单上看，凡是获得好名次的节目，尤其是获得一等奖的节目，所涉及的很多是重大题材、重要人物，例如获奖节目《音乐的宣言》。

这部作品源起于在纪念世界反法西斯战争胜利60周年之际，由日本民间自发组织的混声合唱团在华举办音乐会，通过演唱揭露日本731部队在中国犯下的滔天罪行，以此向中国人民谢罪。主创人员认为这是一个值得深入挖掘、具有深刻主题思想的好素材，连日跟踪采访了日本合唱团在中国的所有活动，用非常巧妙的手法创作了这期《专题音乐节目》。

这部作品选择了新的角度，重视时代精神，深入挖掘主题，给人以新鲜感，对事件背后的信息做了艺术化的处理，音乐、音响、语言浑然天成，大气磅礴，荡气回肠，把抽象的音乐转换成了栩栩如生的历史画面。作品用联想的方式，巧妙地通过时空转换，把中华民族奋起抗争的历史，自然而然地流淌了出来，用艺术的手法增加了感人的力量。

2008年北京奥运会无疑是一个重大题材，但奥运会的内容非常丰富，节目从哪儿切入，从哪儿下手，这就需要认真琢磨和推敲。北京奥运会主题口号是"同一个世界，同一个梦想"，我们就抓住"梦想"来做文章，创作了获奖节目《梦想的旋律》。梦想是这部作品的主线：中国人通过奥运会圆了百年奥运梦；作曲家叶小纲圆了二十四年前要为中国举办奥运会创作一首钢琴曲的梦想；钢琴家郎朗想要实现在奥运会上演奏钢琴曲的梦想……等等；最后，用许多活生生的故事归结到全人类的梦想"和平、友谊、团结"，层层递进的巧妙构思，使梦想得到了升华。

人们常说题材是根本，题材抓准了，可以说就成功了一半，有的节目摆在一块，题材本身就占有一种优势，因为它分量摆在那儿。但并非所有成功的节目

2006年冯健在奥地利莫扎特纪念馆

129

都是重大题材，小题材也有可能获得大奖。

我听过一部题目叫《一场特殊的音乐会》的作品，获得了第 30 届亚洲太平洋地区广播联盟的大奖。

这部作品描写的是钢琴教师范大雷对音乐和学生们挚爱的故事，题材并不重大。但这部作品真实、感人，制作精细，充满戏剧性。主创人员在三个月的时间里，两次到上海采访到范大雷及其同事、朋友、亲属、观众，几十人次的讲话录音，特别是范大雷临终前的几天，主创人员奔波在医院、剧场，录下了《献给敬爱的范大雷老师》那场催人泪下的音乐会实况，全体观众含着热泪高唱"祝你生日快乐"，孩子们举着 10 元、50 元、100 元人民币争先恐后的捐款声，当记者问一位八九岁的男童为什么捐款时，他那稚嫩的声音里说出感人的语言："因为这个老师很认真地教学生，他生病了，我也想捐点儿钱给这个老师，祝他早日康复，再教那些学生，再创好成绩。"如果不是实况录音，人们会以为这是作者编出来的，但你听到确确实实是一个八九岁的儿童在讲话，那么真诚，你不能不信。还有范大雷弥留之际的呻吟声和对音乐的呼唤："带子、录音带、我要听 CD……"这些情景令人震撼。这些感人的场面，是任何一个当事者也难以在事后用语言精确表达的，这就是第一手材料真实的力量。

还有一部获中国广播影视大奖的作品《一树茉莉千枝歌》，一看标题也不是什么重大题材，《茉莉花》是我国的民歌，这种题材人们已做得没有什么新鲜感了。然而这部作品生动诠释了这首传统民歌在历史演进的过程中不断注入新的元素，产生新的变化，它赋予了节目新的内涵，提炼出了《茉莉花》符合中国"和平发展"、"和谐社会"理念的鲜明主题。节目素材的使用也颇具

冯健在维也纳金色大厅前

新意——从国家主席到儿童，从中国农民到欧洲歌唱家，从洋溢着浓郁乡土气息的民歌小调到多声部大合唱，无不折射出《茉莉花》与地域血脉相连，与时代同步共进的鲜活个性，尤其是胡锦涛主席与内罗毕孔子学院师生共同演唱《茉莉花》的音响资料，开场先声夺人，主题迎空出世。整部作品制作精细，陈中出新，熟中见巧，于轻松流畅中揭示出《茉莉花》"一夜成曲万里飘，叱咤风云代代骄"的精神气质与文化之美。

综上所述，《专题音乐节目》在广播中占有重要位置，它需要创作者具有较全面的音乐专业知识和社会、历史、新闻方面的知识和理论修养，能把握专题音乐创作的基本规律，熟练地综合运用音乐广播的技术和手段，才能创作出优秀的节目，使听众从中得到知识，提高欣赏、鉴别音乐的能力，得到思想的启迪和美的享受。

创新是精品的灵魂

——2009 年度北京音乐广播获奖节目综述

冯　健

强烈的创优意识，是打造精品的基础；强烈的创新意识，是打造精品的生命和灵魂。

在 2009 年度北京人民广播电台优秀节目评选中，音乐广播获文艺类一等奖 2 个，二等奖 3 个，三等奖 1 个 。这些获奖节目在选材、选题、形式上有所创新。节目创新是对节目属性的传媒特性的统筹认识，在选题和素材处理以及整合技巧方面的能动反应。与时俱进，

《比萨斜塔》2011 年到意大利采风时拍摄

不断创新是广播精品节目生产的必由之路，也是精品创作的发动机。

一、选材创新，引发人们从音乐形式到文化方面的思考

精品节目在选材上应当把创新放在首位。谁具有强烈的精品意识和创新意识，谁就能抢占竞争的"制高点"。

编辑一部好的音乐专题，选择好的音乐自不待言。而这"好"，主要是指最大程度上符合所要表现的内容和意图。

由史中编辑的获二等奖的专题音乐节目《当西方摇滚碰撞中国民歌》在选材上就很有新意。

作者不仅呈现了当摇滚碰撞民歌时，音乐这种艺术形式迸发出的无限魅力，同时还呈现了当传统遭遇现代时，给人带来的全新听觉感受以及人们内心的触动。

西方的摇滚，中国的民歌，作者把两种看似完全不同的音乐形式，敏感地捕捉到二者的膨胀点用音乐融会起来，并在其中挖掘出深层次的共鸣。

首先这部作品在选材上就很有新意，在《专题音乐节目》中作品是基础，这种不同类别的音乐组合给人一种新鲜感。

节目中从中国摇滚乐坛"老大哥"人物零点乐队的《多谢了》、崔健的《南泥湾》入手，展现了早期音乐人在民歌翻唱中的大胆尝试；随后以流传度较高

《温莎城堡》2010年冯健拍摄于英国

的老歌新唱《山歌好比春江水》，既重现了南宁国际民歌艺术节当时的盛况，也以此奏响了摇滚与民歌碰撞的全新乐章。在作品中刀郎、阿宝的激情演唱，体现了摇滚与民歌更深度的交融和广阔的发展，从摇滚歌手到乐坛新人，特别是民歌歌手的参与，为这种全新的艺术形式注入了新活力。

作者通过由浅入深，由点及面，从个体到群体的认识方式，在有限的节目时间里，用音乐感染听众并力求让听众感受这种全新的音乐，更引发了人们从音乐形式到文化层面的思考。

二、选题创新，做到思想性、艺术性和欣赏性的有机统一

选题创新，就是努力求新，发掘新题材，选择新角度，给人新鲜感，使人产生一种乐意听、非听下去不可的欲望。

由杜渐薇、赵爽编辑、获得三等奖的综艺节目《苦菜花的交响》，运用了《苦菜花》的电影、音乐、戏曲、文学的形式围绕着颂扬母爱的主题，把有关这方面的文艺作品和生活当中感人的故事融合在一起，重新打造成一个新的综艺节目。从选题上来说富有新意。

《苦菜花》是在我国50年代家喻户晓的文学作品。由它派生出的电影、戏曲、音乐等各类艺术作品也受到了人们的欢迎。如何让老题材焕发出新的光彩？如何用老题材让现在的年轻人接受？这确实不是一件容易的事情。

这部作品的作者到山东进行采访，采访到了著名作家冯德英和吕剧表演艺术家郎咸芬。在采访中主创

人员不仅对《苦菜花》的精神有了更深层次的了解，同时也对爱兵如子的母亲的形象有了全新的认识。

作品以二胡协奏曲《苦菜花随想曲》为开始和结束，同时还运用了黑鸭子演唱组演唱的《苦菜花》的歌曲，给人一种全新的感觉。通过这些现代人的演奏和演唱很好地表现了一位伟大母亲的形象，表达了当今社会对《苦菜花》的一种怀念和歌颂，更蕴含了主创人员对《苦菜花》精神的传承。

罗丹说过，美的事物无处不在，只是我们的眼睛缺少发现，节目创新也如此。我们的眼光如果老是盯着司空见惯的事物，就会忽视那些吐露生机的新生命，而失去呼唤全社会关注的机会。主创人员如果具有一双锐利的眼睛，善于"雾里看花"，它就会抢占创新之先。

由王东编辑的获二等奖的专题音乐节目《在行走中寻找——朱哲琴的印度之行》，通过充分利用音响，大大增强了广播的表现手法。这部作品的选材很讲究，题材也很新颖，联想的空间被加强，受众的想象变得比视觉本身更具有艺术性和美感。每个人的想象都不相同，而且更容易融入受众自身的情感，从而获得共鸣，给人一种身临其境的感觉。

这部作品作者将它命名为《在行走中寻找》，人的一生就像是一次旅行。节目大致分为四个部分。

1. 寻找吉普赛民间艺人，探寻生活的磨难；

2. 从恒河边探寻生命的终极问题；

3. 男人们离家讨生活，探寻快乐与忧伤；

4. 寻找一位90多岁高龄的印度音乐家，探寻寻找本身的意义。

在节目最后朱哲琴说：我把一生看做是一次旅行，旅行使我的内心从一个很有限的世界，慢慢变成一个非常非常宽广的世界。作品的最后是一场大雨，在动人的歌声中结束，世界的容貌和活力变得更加清晰。

打造精品，要有强烈的创优意识，强烈的创优意识，是打造精品的基础，只有增强创优意识，才能不断地提高节目的整体水平，才能做到思想性、艺术性和欣赏性的有机统一，创作出更多的精品节目。

三、形式创新，充分发挥广播的各种形式，展现作品的艺术魅力

广播有三大手段：语言、音乐、音响。音响是体现广播优势的主要手段之一。在制作精品节目时，音响的使用要求精心捕捉，精心采录，精心使用。

由赵爽、王卓编辑的获得二等奖的专题音乐节目《天鹅之死》是一个制作精良、题材很有创意的节目。主创人员到山东省荣城的天鹅湖进行了实地采访录音，采访到一位天鹅的守护神——老袁，他在那里建了一个天鹅的救护站，用了三十多年的时间，天天守护着这些每年来荣城过冬的天鹅。

这部作品以小见大，通过这样一件小事来折射出人与社会、人与自然生灵和谐共处的人类一个宏大的命题。赞扬了生命的高贵及顽强，呼唤人类良知的回归。这个节目做得生动、感人，有几点值得称道：

1. 精心挑选素材

据主创人员介绍，他们是出于新闻工作者的责任创作了这期以环保为题材的专题音乐节目《天鹅之死》。他们想通过这些真实的故事和世界著名音乐家描写天鹅的经典音乐向世人展示天鹅这种动物的忠贞高贵的天性。在作品中选用的音乐都是经典的西方古典音乐，可谓精心挑选素材，采访素材的剪接也很到位。

2. 精心运用音响

在广播作品中，音响的作用非常重要，可感可信，文字不可替代。广播的优势在声音，广播是要靠音响这一看家本领在同其他媒体竞争。

《天鹅之死》在音响的采录和运用上下了一番功夫。他们用音响真实地再现了山东荣城天鹅湖的现状，把人们的思绪引向山东荣城的天鹅湖和人们对这些天鹅命运的关注和牵挂，自然而然地转化成对形势严峻的环保问题的忧虑和思索。

3．内涵意味深长

这是一部以环保为题材的《专题音乐节目》，作品自始至终都弥漫着忧郁的情调。天鹅被人用刀砍下头的情节令人震惊，令人气愤，发人深思，这部作品以新颖的形式展现和颂扬了天鹅的守护神——老袁的高尚情操。

声音是广播节目永恒的魅力之所在，好的节目需要好的声音效果。专题音乐节目《天鹅之死》，音响上突出了纪实性的一面，让听众有一种身临其境的感觉。

由冯健、张欣、刘慧编辑的专题音乐节目《送别》获得《专题音乐节目》一等奖。这部作品开掘深入，细节感人，把享誉世界的小提琴教育家林耀基教授为新中国小提琴事业耕耘的一生表现得淋漓尽致。他培养的学生先后在国际小提琴比赛中获得了40多个奖项，其中有十多项冠军金牌奖，被誉为"冠军教授"和"采矿大师"。

林耀基不是著名的歌唱家，也不是著名的作曲家和演奏家。但他的去世，正如一位小提琴教师所说："对中国的小提琴界来讲，不亚于一次'5·12地震'。"人们为失去这样一位德高望重、和蔼可亲，又深谙小提琴教学之道，桃李满天下的音乐家而痛心疾首，无限惋惜。

那天送别仪式上竟有一千多人来为他送行，他的学生们长久地跪在他的遗体前不愿离去。这些感人的场景深深地感动了作者，并做了独家采访，这个场景是不可再现的，但是都被非常真实地记录下来。当时被采访的这些音乐家、老师、同学们情真意切，场面非常感人。

正如著名钢琴家刘诗昆所说："他是个非常杰出的音乐教育家，小提琴教育家，他最大的贡献就是对中国的小提琴教育事业的贡献。他是中国小提琴音乐的一个划时代的开拓者。他培养了这么多的学生，带动了我们整个国家的小提琴事业，这么多小提琴学生在国际上给国家争了光，争了荣誉。他爱学生就是爱他的国家，这是统一的。"

这部作品中送别仪式上人们哭泣的音响，人们的走步声，以及对林耀基的学生世界著名小提琴家胡坤、薛伟等人的采访真实感人，具有情感的冲击力。林耀基生前的一些珍贵音响使这部作品具有史料价值，音乐和语言、音响水乳交融，浑然天成。

细节的捕捉、选择和运用，是作品的传神之处。没有真实的细节，就不能给人以高度的真实感，就不会有可信度，捕捉细节要用慧眼，用好细节更要靠匠心。

为了启发学生，林耀基在上小提琴课的时候，他还经常为学生们跳舞，在节目中出现了林耀基在为学生们上课时跳舞的音响，他的学生杨天娲一下子就领悟到了林耀基的教学意图，这时《帕格尼尼D大调小提琴协奏曲》的主题音乐轰然响起。这些场景通过音响、音乐、细节的处理，形象生动，栩栩如生。

细节的表现力、感染力和冲击力是其他艺术表现手法很难比拟的。2008年，《小演奏家》杂志社邀请了百名地震灾区学习音乐的孩子们来北京参加夏令营，林耀基带上他的学生袁琛儿一起到营地义务辅导这些孩子们,当北川中学的蒋承欢拉琴时,想起了地震中失去了父亲和失去的小提琴,拉着拉着就拉不下去了,一直在抽泣,这时林耀基拿起了小提琴接着蒋承欢演奏的小提琴曲《沉思》并把它完整地拉完,这时节目中出现当时林耀基的讲话:"你们是了不起的灾区小孩,给我们上了很好的一堂课,我们向你们学习,音乐就能够起这样的作用,要学会坚强。"

这一情节通过音乐、音响、细腻的表现手法,以真实为出发点,充分展现了林耀基丰富而平凡的情感世界,这种鲜活的人物形象,深刻的思想内涵,给人以内在的震撼和感动。它不是用概念,而是充分发挥了广播的各种形式,展现了作品的艺术魅力,展现出

林耀基心中的大爱,就是对祖国的爱,对学生的爱,对音乐教育事业的爱,突出了大师风范最人性的一面。

综上所述,北京音乐广播2009年度这些获奖节目凝聚了编播人员一年的心血,这些获奖节目在选材、选题、形式上有所创新。不是说这些节目一点问题都没有,而是有比较大的提升空间,基础都比较好。

时代呼唤着精品意识,它是社会的需要,队伍综合素质提高的需要,也是广播节目自身发展的需要。只要我们做到精心选材,精心选题,精心采访,精心制作每一期节目,就能创作出一个又一个精品。相信明年北京音乐广播会有更多的佳作,更多的精品呈现在人们的面前。

《宏伟的建筑》2012年冯健到西班牙采风时拍摄

强化精品意识 讴歌时代精神

——2010年音乐广播获奖节目评析

冯　健

在2010年度北京人民广播电台优秀节目评选中，音乐广播获文艺类一等奖2个，二等奖3个，三等奖4个。这些获奖作品题材广泛，形式多样，主旋律突出，在思想性和艺术性相统一方面作出了积极的探索，取得了喜人的成绩。

音乐广播的编播人员创作精品的积极性增强，优秀节目明显增加，越来越多的年轻人出现在获奖者队伍中，反映出音乐广播队伍朝气蓬勃，后继有人。

一、主题鲜明，内容丰富，角度新颖

由刘慧创作的获得三等奖的专题音乐节目《为了不能忘却的纪念》，主题明确，构思精巧，叙事流畅，具有感染力。作者参加了纪念圆明园罹劫150周年主题

活动，采访了把曾经是圆明园的文物归还给中国的新西兰人玛丽·鲍灵女士。这段采访比较精彩，是节目中的一个亮点。节目通过回忆、联想，运用纪录片和这次宣传活动中的音乐，展现了中国人心中永远的圆明园。整部作品有这样一条主线，即今天重温那段历史，并不是为了寻找或重现那失去的繁华和梦境，而是更加坚定了我们民族的自信，一个可以在历史上创造高度文明的国家，一定能实现伟大的超越，创造更加美好的未来，为人类文明与和谐做出新的贡献。

武洲彤、罗霄笑创作的获得三等奖的专题音乐节目《流行歌曲与京剧美丽邂逅》，角度新颖，颇具欣赏性。节目创作灵感来自于电影《梅兰芳》。这部描写京剧

冯健指挥全场观众演唱《歌唱祖国》

大师的电影，让很多人开始关注我们的国粹，古老的京剧展现出了新的活力，京剧韵味的流行歌曲这些年也有很多脍炙人口的作品，比如：《说唱脸谱》、《男儿当自强》等。这部作品就是以此为题材，所选择的具有京剧韵味的歌曲都是当下流行歌手的经典之作，大部分歌手都和京剧有着很深的渊源。整部作品制作精良，语言和音乐自然流畅。作者通过一个独特的契合点介绍和评论，以说明古老的京剧艺术在不断更新换代的时尚流行音乐中焕发出独特的魅力。

由张欣创作的获得三等奖的专题音乐节目《山水之韵》，表现了作者对贵州山水与音乐的亲身感受，从文化生态谈到自然生态，通过音乐、音响和主持人的介绍，犹如一幅美丽的山水画。节目中还选用了网友面对旱灾自发创作的歌曲《让爱滋养大地》，呼吁人们保护自然、保护历史。这部作品虽然是一部音乐专题，但它立意深远，给人们留下了深刻的印象。

由杨菲菲创作的获得三等奖的专题音乐节目《见证》，是一部为庆祝中华人民共和国成立60周年而创作的节目。这部作品以国庆60周年庆典国旗护卫队的脚步声为节目的切入点，在每一次国旗升起的故事中，贯穿与事件有关的音乐作品以及相关词曲作家们的所思所感，展示和回顾了中国60年的成就与辉煌。作品以国旗为主线，展现了具有影响历史进程的一些重大事件，例如："开国大典"中第一面五星红旗升起的场景，香港、澳门回归时五星红旗升起时的场景，从"东方红一号"到"神舟7号"，国旗出现在浩瀚太空中的场景。这些感人的场景通过音乐、音响、解说，达到了感人至深的意境，令人热血沸腾。

《专题音乐节目》要求主题鲜明，内容丰富，特点突出，尤其是角度要新颖，同样的内容，由于角度不同，素材结构不同，往往会产生不同的导向和效果。要能选择最能体现主题的角度，也就是最能触发受众兴奋点的角度，也就最能发挥广播的特色和提高节目的竞争力。

二、精品意识增强，创优能力提高

面对听众和时代的要求，在创新思维的引导下，北京音乐广播每年都要创作出一大批思想性、艺术性、欣赏性俱佳的《专题音乐节目》。从这次获奖节目中可以看出，大家的精品意识不断增强，创优能力普遍提高，敢探索，重策划，求特色，这些都是令人振奋的好现象。

由才涛创作的获得二等奖的节目《圣殿般的雪山》就注重了信息的亮点。所谓信息亮点，就是既具有时代特征，又具有艺术创造潜能的信息所构成的题材。关键在于如何精心策划以新鲜的创意，对这一亮点进行深度挖掘。首先，作品反映的是一场在海拔4200多米高的昆仑山山口举行的交响音乐会，演出的主要曲目是由藏族诗人吉狄马加作词，著名作曲家郭文景作曲的交响合唱《圣殿般的雪山》和贝多芬的《欢乐颂》，这就是一个亮点。其次，作品具有几个特点：一是音乐素材十分珍贵，作者得到了由青海人民广播电台录制的整场音乐会实况；二是采访深入到位，有主创人员、词作者吉狄马加和作曲家郭文景、指挥家谭利华、青海省委书记强卫在演出结束和主创人员的交谈录音等；三是视角独特，将青海人、青海情和这场音乐会融合在一起，将主题升华为昆仑精神；四是制作精良，精益求精，将音乐、语言、音响完美地结合在一起。

由谷悦创作的获得二等奖的节目《友谊地久天长》，运用了九个不同版本的《友谊地久天长》，来展现这部音乐作品的不同风格，不同含义，不同层次。节目的一

137

开始营造了一种氛围，使听者沉浸在一种想象的空间里，也使后面出现的音乐入情入理。作品从电影录音剪辑的《魂断蓝桥》现场版的跨年度演唱会，到器乐版、歌曲版，通过音乐的层层递进，让听者体会到这虽然是一首歌曲，但却有着丰富的内涵。

这部作品是在 2010 年年底播放的，在辞旧迎新之际欣赏这些音乐，不只是感受音乐之美，更是通过音乐使听者梳理情感，感悟人生。

由张欣创作的获得二等奖的节目《家园——五彩传说的童谣》，介绍的是五彩呼伦贝尔儿童合唱团的音乐会。这部作品致力于节目创新，通过孩子们纯净的歌声，呼吁人们爱护我们的地球，呵护我们的家园。五彩呼伦贝尔儿童合唱团从 2007 年创办至今，多次来北京演出，每一次都得到北京观众的热烈欢迎。蒙古族歌唱家德德玛、文化学者余秋雨、指挥家余隆以及千千万万的普通人，一直关注着他们的成长。2010 年9 月，五彩呼伦贝尔儿童合唱团再次来北京演出，带来的是特别为世博会排练的《家园——五彩传说的童谣》。这场音乐会把家园的概念从对地球、对环境的关注，引申到人们心灵的层面，强调了传承民族文化，保护文化生态，维护我们共同的精神家园。

三、注重现实题材，讴歌时代精神

北京音乐广播从 2000 年开始已连续七届获得中国广播音乐节目最高奖——中国广播文艺奖一等奖、中国广播影视大奖。这些获奖节目的创作实践告诉我们，题材的重大仍是获得成功的重要因素，在某种意义上说，题材选择对了，节目也就成功了一半。

由赵爽创作的获得一等奖的节目《英雄儿女》，通过第一人称的创作手法，用音乐和故事两条线完美融合，表现了中国人民志愿军的勇士们，在六十年前的抗美援朝战争中所表现出的震撼山河的英雄主义气概，节目内容真实，细节感人，音乐气贯长虹，动人心魄。

这部作品围绕着一场音乐会但又不局限于这场音乐会而展开，音乐会演奏的作品是张千一的交响诗——《英雄儿女》。节目通过音乐和真人真事的结合，表现了中国人民不可战胜的精神，在节目的最后是彭德怀元帅的一句话：西方侵略者几百年来只要在东方海岸上架起几门大炮，就能霸占一个国家的时代一去不复返了。这句话字字句句是千斤分量，在节目中起到了画龙点睛的作用。

创作一部优秀的《专题音乐节目》，要从几个方面下功夫，一是抓选题，要抓住紧扣时代脉搏的选题，弘扬主旋律，即便是历史题材的选题，也要在古为今用上选择角度。二是确定主题。三是确立节目主线，以时间或逻辑的线索，贯穿整部作品，使之产生连贯的起伏有秩的听觉流线。四是精心创作串连词，选择与主题相关的音乐作品，精心录制合成语言、音乐、音响，使之成为听觉艺术品。

由冯健创作的获得一等奖的节目《永远的电波》——献给人民广播事业创建 70 周年是为献给人民广播事业创建 70 周年精心创作的《专题音乐节目》。

这部作品气势宏大，真实感人，以丰富的内容，独特的视角，大气磅礴的音乐以及真实的音响，展现了人民广播七十年来走过的光辉历程。

作品选用了一些具有历史意义的典型事例，用激动人心的音乐，鲜活的人物音响，极富说服力的事实描绘了中国人民广播七十年来发生的巨大变化。

这部作品开篇就能抓住听众，众所周知，绝大多数人是在被动状态下收听广播的,能否在节目开始的几分钟内"抓住听众的耳朵",是广播作品成败的关键,因此,广播作品应当把最重要的、最精彩的内容放在前面,如果开篇不着边际,下笔很远,节奏缓慢,"开门不见山"是很难吸引听众的。

这部作品开篇是介绍广播在汶川大地震中所发挥的不可替代的作用,情节感人,一下子就把人带到了那难忘的场景中,历史是用许多事件组成的,有了广播以后,声音也是历史的组成部分之一。这部作品有很多具有珍贵历史价值的音响,丁一岚在开国大典直播时的录音及她大女儿邓小岚的采访真实感人,催人泪下,给人以心灵巨大冲击和强烈的震撼。甲丁的采访和国庆60周年现场直播的场景令人心潮澎湃,回味无穷。

东方红一号卫星重大事件的描绘展现了广播的魅力,冯健演奏的小提琴独奏《东方红》更增添了强烈的艺术感染力。

节目选用的典型人物和事件是跟音乐密切相关的,汶川地震的《大地安魂曲》,延安新华广播电台现场直播的《黄河大合唱》,开国大典和《红旗颂》,

丁一岚追悼会与《延安颂》,第一颗人造卫星和《东方红》乐曲,国庆60周年盛典和《今天是你的生日》,都是节目引用事实的一个组成部分,感人的旋律激荡着人们的心灵,音乐的功能发挥得淋漓尽致,音乐作为一条主线融贯节目,展示得有血有肉,激情澎湃。

动人的故事,感人的细节,使整部作品高潮迭起,思想内涵得到了升华,再现了人民广播在重要历史时期发挥的巨大作用。让人感到既有鲜活的现实感,又有厚重的历史感,在这二十几分钟的节目里,作者叙述详简得当,剪裁得体,简则简到几句话就跨过一段历史,详则详到不惜用相当的篇幅写典型人物的故事。是一部用广播手段反映广播历程的精品。

精品是一个国家、一个时代精神文化水平的标志,可以起到以一当百的效果。北京音乐广播在强化精品意识,讴歌时代精神方面高度重视,在学习先进经验的同时,因地制宜,制定措施,责任到人。为精品创作提供人才和政策保障,把它当做长期课题持之以恒地抓下去,使精品创作实现新的超越。

冯健指挥大合唱《在灿烂的阳光下》

用歌声构建和谐

——记音乐广播走转改活动

冯 健

按照中宣部等五部门的部署，北京电台开展了"走基层，转作风，改文风"活动。音乐广播在这次活动中，针对自己的特点，选择了"通州教委退休教师合唱团"等作为基层联络点，整合音乐广播资源，为群众办实事。

一、深入群众，把走转改落到实处

8月29日，北京电台"走基层，转作风，改文风"启动仪式结束后，音乐广播台长陈京英就带领第一批下基层人员，赶往基层联络点"通州区教委退休教师合唱团"活动地点，深入了解群众文化生活和群众文化需求。

通州区退休老教师3000多人，他们除了合唱团，还组织了舞蹈团、模特队，以及摄影、书法、绘画等13个活动小组，每周有三四百人来这里参与文化活动。

通州区教委退休教师合唱团成立十多年，每周坚持活动，是通州区水平较高的一支群众合唱团，每年都要参加退休老教师协会、老干部局、学校、社区等多方面的活动和演出。但因为资金问题，他们无法邀请专业人员进行指导，在一定程度上限制了团员的热情和表演水平的进一步提高。在谈话中，陈京英台长了解了他们目前的状况和需要，当场确定要立即开展的三项工作：

1. 以"通州区教委退休教师合唱团"为核心，辐射相关活动及团体，深入报道基层群众音乐文化生活。

2. 根据实际需要，为合唱团提供专业指挥、声乐、表演等方面的指导，提高合唱团的演唱水平。

3. 音乐广播将安排采编播人员参加合唱团活动，

2011年指挥北京通州教委合唱团

并与合唱团合作参加基层演出。

我是作为合唱团的指挥进入到这次活动中的。在与基层的合作中，群众对音乐活动的渴望和认真、对音乐的热爱深深感动了我。

二、融入真情，用实际行动感染群众

音乐是一切艺术中最强有力的、高度激情的艺术。每次排练，合唱团员的那种精神风貌都会让我久久难以忘怀。他们当中大部分是退休教师，有的是大学教授。很多人家住的很远，每次要赶几十里路来参加排练。当合唱团负责人为我介绍他们时，我对他们的敬意油然而生。我看到了那一颗颗热爱艺术真诚的心。第一次我为他们排练的是《走向复兴》，原打算分成两个声部，但他们一定要按合唱总谱来演唱。我一个声部一个声部地训练，不断地纠正他们的发声、音准、节奏。我对他们说，合唱是一门很讲究的艺术，不是声音大就最好，要和谐；合唱队就是一个大家庭，要有和声的美感和音乐的起伏。队员们非常认真，不一会儿四个声部就基本拿下来了，当我指挥他们演唱时，那种激情完全发挥了出来。

原来他们认为指挥就是简单地打拍子，我的指挥手式一开始他们不太了解，经过一段时间的排练，他们对我的手势完全领会了，强弱、起伏也做到了。因为合唱队员年龄偏大，我指挥时尽量让他们坐着演唱，我站着指挥，只有四个声部合练时才请他们站起来。我用尽可能通俗的方法，用比较夸张的方式引起团员们的注意，常常是一边用手指挥，一边不断地提醒他们注意音准、节奏、音乐的起伏。在我手舞足蹈的指挥中，他们的演唱声音有了质的变化。我的真情感染了他们，等合伴奏时，一部完整的合唱已基本完成。当听到自己演唱的四个声部那种美妙的和声时，他们陶醉了，激动之情溢于言表。

北京市内早上的交通非常拥堵，我住在海淀，每次排练都要很早就起来赶路。有一次我赶到排练场地，被一辆汽车和一辆三轮车堵在大门口半天进不去，团员们都等着急了，有人说："冯老师从来都是非常准时的，这次怎么还没来呢？"有人给我打电话，知道我在大门口，他们马上出来帮助推三轮车，又找来司机把那辆汽车开走。这虽然是件小事，但表明了群众对艺术的渴望，从一个侧面证实了"走、转、改"的重要性。对我们来说，通过深入实际、深入基层、走进群众，在实践中得到锻炼，也是非常有意义的。

为合唱团排练

三、用歌声构建和谐，走、转、改初建成效

今天的世情、国情、党情和人们的价值观发生了很多变化，但是不管怎样变，党的为人民服务的宗旨是不能变的，这也是新闻媒体、新闻人必须坚持的核心价值观。

这次深入基层，原本计划帮助通州区教委退休教师合唱团排练两部合唱。但在他们的要求下，特别是看到大家对音乐的热爱和对集体活动的认真，我改变计划，决定为他们排练一组作品，这样他们今后演出就有曲目了。大家得知后非常高兴。就这样，我们继续努力，目前已经排练出《走向复兴》、《我和我的祖国》、《天路》、

到部队慰问演出

1986年冯健和小提琴制作大师戴洪祥

在直播间

2010年在春节联欢会上演奏小提琴

《春天的故事》、《南泥湾》、《祝酒歌》、《东方之珠》、《菊花台》等大型合唱曲。我刚去排练时，合唱团才五十多人，现在达到八九十人。我问哪来的这么多合唱队员？他们说通州其他的合唱团听说北京音乐广播的专业老师来指挥，都纷纷到我们这来参加排练。大家觉得来这里不但能学到很多音乐知识，更重要的是非常喜欢现在的这种氛围。大家心情舒畅，陶冶了情操，发挥了自己的特长，还在合唱中享受了多声部的美妙音乐。

合唱艺术带给人的美感和精神愉悦是独特而无可替代的，它对启迪心智、净化灵魂、培养情操和团队精神，是一种非常好的方式。大家都知道，在多声部合唱中，每个声部的音高、节奏都不一样，如果每个人都把自己承担的声部唱准，音色统一了，当几个声部合在一起，那产生的效果是非同寻常的。这正是用音乐语言阐释"和而不同"的神韵和精彩。我们国家正在构建和谐社会，而开展群众性的合唱艺术活动在和谐社会的建设中将起到积极的作用。

一棵树，根扎的深才会枝繁叶茂，充满活力。"走、转、改"活动才开展短短两个多月，就展现了它蓬勃旺盛的生命力。音乐广播在这次走转改活动中，用实际行动落实了总台交给的任务，并取得了初步成效。我们相信，随着时间的推移，不久的将来，通州区教委退休教师合唱团会用歌声唱出更美的旋律，结出更加丰硕的精神文明之果。

获奖节目《马兰的琴声》创作阐述

冯　健

由北京音乐广播选送的专题音乐节目《马兰的琴声》在众多的参评节目中脱颖而出，获得第十四届中国广播文艺音乐节目一等奖。

这部作品自然纯朴、立意深刻，以真实为出发点，给人以内在的震撼和感动，将语言、音乐、音响塑造成一幅幅生动的画面。

它以鲜活的人物形象，深刻的思想内涵，鲜明的价值取向，呈现了邓小岚高尚的人格魅力和无私奉献的精神，得到了专家评委的好评。

一、平凡中闪耀着真善美的人性光芒

在河北省革命老区阜平县，有一座叫马兰村的小村庄，寂静的山村里经常传出小提琴、手风琴、电子琴和吉他等乐器演奏的美妙旋律，演奏这些乐器的都是马兰村的孩子们，教他们演奏乐器的老师叫邓小岚。邓小岚的父亲邓拓是我国新闻史上的一代英才，曾担任《人民日报》总编、社长，战争年代他带领《晋察冀日报》社在马兰村战斗生活了很多年。

邓拓在他著名的杂文集《燕山夜话》中使用的笔名"马南邨"，就是"马兰村"的谐音。邓小岚是在马兰村长大的，对这片土地有着特殊的感情。

2011年当我到了马兰村采访时，被邓小岚的故事感动了。于是，我决定做一部关于马兰村小乐队的《专题音乐节目》。

邓小岚毕业于清华大学，从事科技工作。她退休以后，一心想了却心中的夙愿，回马兰村看望养育过她的乡亲们。五十多年过去了，当地的老百姓仍能清晰地说出她的乳名，那一声声亲切的呼唤，让邓小岚泪流满面。

邓小岚对我说："他们对当年一个小娃娃都能够记得这么清楚，他们对报社的感情有多深就可想而知了，这种感情我永远都会记住的。"

马兰村四周群山环绕，峡深谷幽，经济落后。邓小岚说她第一次到马兰小学想和孩子们一起唱首歌，可是孩子们什么歌都不会唱。她心痛了。"因为这儿音乐教育基本上是空白，没有人能教他们，所以小孩儿唱歌也很少，唱得音也不准，看到那种情况，确实心里酸酸的"。

马兰村的孩子们接受外界信息太少了，没有人教他们唱歌，对乐器了解得更少，孩子们连乐器的名字都叫不出来，更不懂乐谱。邓小岚萌生了一个想法，要为孩子们做点儿什么，看着破旧的学校，她发动弟弟妹妹们集资四万多元盖了七间校舍，又把家里人用过和朋友们捐来的小提琴、手风琴、电子琴和吉他等乐器带到了马兰村。

吹拉弹唱全能的邓小岚在爱人的支持下，节衣缩食，一年三万元的退休金，她把两万元用在了马兰村孩子们的身上。"我一个月一千块钱就行了，我的孩子们他们都有自己的工作，我要省下一千块钱给他们，他们在城里算不了什么，买几件衣服就没有了。可是一千块钱在农村可以解决很多问题，买电子琴一下可以买五个，小提琴也是四五把。我这样做，家里人都很理解。"

音乐专题节目音乐作品是基础，没有好的音乐作品音乐专题无从谈起。因为马兰村的孩子们都是山区里长大的，他们的音乐基础非常差，都是业余水准。演奏的乐曲欣赏性不强，搞不好就做成了一般的录音报道。

在制作节目时，我自己用小提琴演奏了孩子们演唱的歌曲《心愿》改变成的小提琴曲，这样就丰富了音乐的形式和意境。另外还运用了一首非常感人的管弦乐《情系人民》贯穿主题，不仅烘托了情绪又增强了节目的欣赏性，给人留下了深刻的印象。

这部作品采用了第一人称的方式，把我感悟到的一切告诉听众。节目一开始运用了小溪流水和鸟鸣的音响，然后引出我演奏的小提琴曲《心愿》。

"我看过很多音乐神童的表演，被他们演奏演唱的音乐陶醉。沉浸在纯净的音乐中是一种美的享受，然而当我看到马兰村小学小乐队的表演时，我被孩子们那种对音乐强烈的热爱感动了。"

这一段落通过音响、音乐、解说词展现出马兰村独具魅力的画面，一下子就把人带入到故事的情节中，具有真实感。它极少唯美的抒情、刻意的雕琢、精心的摆布，但却创造出一种想象的空间。节目一开始就给人一种内在的激情，感染着、震撼着听众。

邓小岚是一位普通的共产党员，但她对马兰村的这份感情，展现了她丰富的内心世界，十分真实、非常感人，平凡中闪耀着真善美的人性光芒。

二、让听众在真实、真诚、真情中感动

这部作品以真实为出发点，描绘了邓小岚对老区人民的深厚情谊和她的情感世界，给人以内在的震撼和感动。这部作品的感人力量源自事实本身，邓小岚坚持了八年用音乐对孩子们进行心灵的感召和人格的重塑。

邓小岚的讲话十分自然朴素，没有什么豪言壮语。

《马兰小乐队》2010年
拍摄于河北省阜平县

2010年冯健在马兰村采访邓小岚

她说："因为这儿音乐教育基本上是空白的，没有人教他们，所以小孩唱歌也很少，唱的音也不准，看到那种情况，确实心里酸酸的。"这段采访，让人感到真实、真诚，没有一点儿虚伪的成分，平淡中流淌出耐人寻味的情愫，真实中留下令人咀嚼回味的余地。

我去马兰村采访时接触到很多学生们的家长。他们说起邓小岚，那种感激之情溢于言表。有一位家长跟我说："我的孩子就跟邓老师一直在学习小提琴，因为我们在山区，孩子们接触音乐的机会也特别少，而且我们经济能力也达不到，没有机会让孩子们学到音乐知识，通过邓老师来这里，帮助他们、指导他们。"

马兰村的孩子们非常喜欢邓小岚，我见到一位8岁的小女孩，她质朴的话到现在都让我难以忘怀。"小提琴特别好听，我喜欢小提琴，邓老师对我特别好。"就是这短短的几句话，令人心颤。《专题音乐节目》的魅力就是真实，为什么很多人听节目时会潸然泪下，如果故事不真实是不会打动人的。

最让我感动的是邓小岚给学生们上课时的情景。

这些孩子们最初连哆、来、咪都不认识，现在他们竟然能拉出贝多芬的《欢乐颂》。这些成绩，完全是邓小岚一片真情换来的。她手把手地教孩子们识谱拉琴，一句一句地教孩子们唱歌。

她经常就住在马兰村，从北京到马兰每次进出，她都要坐火车，换乘长途汽车，去一趟就要8个小时，来来往往邓小岚坚持了8年。

这些感人的故事不可能不打动听众，她不为名不为利，在邓小岚心里马兰村永远是那样亲近，她对马兰村的孩子们充满了爱，就像家里的亲人一样，那样的纯洁、那样的深沉。

节目中的语言普普通通、平平淡淡，叙述的动情而不煽情，平静中显示出内在的张力和意蕴。将思想的内涵和价值取向推向一个新的认知高度，充满了人世间的一种高尚、美好的情感，让听众在真实、真诚、真情中感动。

三、鲜活的人物形象、深刻的思想内涵

专题音乐节目《马兰的琴声》讲述的是邓小岚帮助马兰村的孩子们学习音乐的故事，没有什么波澜壮阔，但透过邓小岚的故事，让人们看到实实在在的邓小岚，体会到它背后所蕴藏的思想内涵。

这部作品没有矫揉造作，一切如流淌在我们身边的清泉，真实可信，让听众感受到精神的升华和灵魂深处的撼动。

在节目中有一段邓小岚的采访，她是这样说的："我就希望这些孩子以后音乐一方面给他们的生活带来快乐，他们不会有苦闷的时候。另外，我也希望有一些孩子能够在音乐方面深造，更希望有一些读师专、读师范大学学习音乐，回来再教以后的孩子，这样这

个事情就延续下去了。"

一分耕耘一分收获，在邓小岚精心指导下，马兰村孩子们的演奏、演唱水平有了很大的提高，音乐让他们长了见识。原来他们都怕见生人，现在能落落大方地登台表演，他们也有了自己的音乐梦想。

在马兰小学音乐教室的墙上，我看到世界著名音乐家贝多芬、莫扎特的画像，还有这样一句话：音乐是人类最美的语言。

邓小岚用人类最美的语言启蒙了老区的孩子们。这位年近古稀的老人，不为名，不为利，她用音乐对孩子们心灵的感召和人格的重塑，让他们的生活充满阳光、充满快乐、充满希望。

在节目最后我用邓小岚的话来结束。"中国千百万农村的儿童这一块儿是个大大的空白，要多多关注农村的孩子，他们也应该和城市的孩子同样享受音乐带来的快乐。"

邓小岚的话展现了她对农村孩子们的那种情怀。

她说，她最幸福的时刻就是看孩子们站在台上演奏的时候。从她身上让我们深切感受到无论时代如何发展，社会环境如何变化，高尚的道德理想和精神信念永远都是一个人、一个民族、一个国家乃至整个人类社会不断提升自身文明，引领社会和谐进步的精神力量。

邓小岚八年如一日地无私奉献，展现出她高尚美好的心灵，将这种高尚和美好蕴于自然流露之中，蕴于物我两忘的境界之中。

专题音乐节目《马兰的琴声》整个节目结构完整、构思精巧，富有声音的画面感和感染力。它摒弃了模式化的教化功能，而是用生动的故事，这些素材只有通过深入采访才能捕捉到，它以鲜活的人物形象，深刻的思想内涵感动着听众。平淡之中见精神，平凡之中见高尚，平和之中见内涵，是一部来自生活的广播精品佳作。

《鹿群》2010 年冯健拍摄于爱尔兰

冯健的学生

1. 学生张鹏飞：中国传媒大学博士，北京音乐广播音乐编辑。他创作的《专题音乐节目》荣获北京人民广播电台最佳节目一等奖。（图1）张鹏飞采访少数民族歌手。

2. 学生张欣：中国音乐学院硕士，北京音乐广播音乐编辑。她的作品曾荣获中国广播影视大奖、中国广播文艺音乐节目一等奖。（图2）冯健在给张欣讲课。

3. 学生刘慧：中国人民解放军艺术学院硕士，北京音乐广播主持人。她的作品曾荣获中国新闻奖一等奖及多项国家级奖项。（图3）冯健和刘慧主持音乐会。

2. 学生张新：1972年，冯健在山西寿阳晋剧团担任演奏员。一天中午，在剧团下乡演出结束后，他在舞台上练习小提琴，一位8岁的小男孩听的入了迷，他问冯健："你拉的是什么呀？太好听了，我想跟你学。"就是这位叫张新的小男孩对音乐强烈的热爱感动了冯健。冯健义务教授了他8年小提琴，为张新的音乐启蒙打下了坚实的基础，他1982年考入山西大学音乐系小提琴专业。

现在张新已是星海音乐学院教授、著名指挥家。他曾多次率团到澳大利亚、台湾等国家和地区举办中国作品音乐会。（上图）冯健和张新。（下图）2004年张新在第四届中国音乐金钟奖开幕式音乐会上指挥《黄河大合唱》。

2

1. 学生张新生：1975年，冯健在山西寿阳晋剧团工作时，张新生跟随冯健学习了7年小提琴。1987年他调入山西省太原市实验晋剧院青年团任首席小提琴、山西省爱乐乐团首席小提琴。曾荣获山西省杏花奖音乐创作奖，多次荣获国家、山西省五个一工程音乐伴奏奖。2008年任太原市实验晋剧院青年团乐队队长。2012年任山西省太原市实验晋剧艺术研究院实验二团副团长、国家二级演奏员。

1. 学生冯仪（弟弟）：1966 年冯健全家从北京回到祖籍山西省寿阳县当农民，冯仪在村里放羊。1970 年冯健考入寿阳晋剧团担任演奏员，当时每月工资 21 元，留下 13 元其余全部用来负担弟弟上中学。冯仪 12 岁开始跟冯健学习小提琴，后考入山西省太原市实验晋剧院担任小提琴演奏员。1977 年全国恢复高考后考入医学院，1995 年获得美国博士学位，现任美国医生。

2.（左起）冯健、冯磊、冯仪妻子刘洁、冯仪在美国埃默里大学音乐厅观看冯灏（侄子）参加演出的音乐会《贝多芬第九交响乐》

1. 冯健最小的学生冯兆姗（女儿）：4岁开始跟冯健学习小提琴。

2. 2006年冯兆姗考入北京101中学，曾担任101中学电视台台长，她制作的电视片多次获奖。2010年她随北京101中学金帆交响乐团在美国国会大厦前演出，她担任英文主持人和小提琴手。2012年以优异的成绩考入美国埃默里大学。

2014 年冯健全家合影

图书在版编目（CIP）数据

梦想的旋律：冯健获奖作品集／冯健著．－－北京：
中国传媒大学出版社，2014.10
ISBN 978-7-5657-1084-1

Ⅰ．①梦…Ⅱ．①冯…Ⅲ．①广播节目－作品集－中
国 Ⅳ．① G229.2
中国版本图书馆 CIP 数据核字（2014）第 152885 号

梦想的旋律——冯健获奖作品集

作　　者：冯　健

出 版 人：蔡　翔

责任印制：日　新

责任编辑：阳金洲

风光摄影：冯　健

设计指导：李　黎

版式设计：冯　磊

封面设计：亢太智

校　　对：安倩敏

出　　版：中国传媒大学出版社

地　　址：北京市朝阳区定福庄东街 1 号　　邮　　编：100024

电　　话：86-10-65450528　　　　传　　真：010-65779405

网　　址：http://www.cucp.com.cn

经　　销：全国新华书店

印　　刷：北京华联印刷有限公司

开　　本：889mm×1194mm　　1/16

印　　张：10

版　　次：2014 年 10 月第 1 版　　2014 年 10 月第 1 次印刷

书　　号：ISBN 978-7-5657-1084-1/G.1084　　　　定　　价：128：00元（含光盘两张）

版权所有　　侵权必究　　印装差错　　负责调换